中国流动人口收入差距及其对主观幸福感的影响研究

ZHONGGUO LIUDONG RENKOU SHOURU CHAJU
JIQI DUI ZHUGUAN XINGFUGAN DE
YINGXIANG YANJIU

李芳芝 著

中国财经出版传媒集团
经济科学出版社
Economic Science Press

图书在版编目（CIP）数据

中国流动人口收入差距及其对主观幸福感的影响研究/李芳芝著.—北京：经济科学出版社，2020.6
ISBN 978-7-5218-1579-5

Ⅰ.①中…　Ⅱ.①李…　Ⅲ.①流动人口-收入差距-影响-幸福-研究-中国　Ⅳ.①C924.24②F124.7③B82

中国版本图书馆CIP数据核字（2020）第080285号

责任编辑：赵　芳
责任校对：王肖楠
责任印制：邱　天

中国流动人口收入差距及其对主观幸福感的影响研究
李芳芝　著
经济科学出版社出版、发行　新华书店经销
社址：北京市海淀区阜成路甲28号　邮编：100142
总编部电话：010-88191217　发行部电话：010-88191522
网址：www.esp.com.cn
电子邮件：esp@esp.com.cn
天猫网店：经济科学出版社旗舰店
网址：http://jjkxcbs.tmall.com
北京时捷印刷有限公司印装
710×1000　16开　11印张　220000字
2020年8月第1版　2020年8月第1次印刷
ISBN 978-7-5218-1579-5　定价：45.00元
（图书出现印装问题，本社负责调换。电话：010-88191510）

目录

第一章

导　　论

第一节　研究的背景与意义

一、研究背景

20 世纪 80 年代中期以后，中国政府逐渐放松了对人口迁移的限制，越来越多的农村人口流入城镇务工，随后流动人口规模逐年递增，每 6 人中就有 1 个流动人口，截至 2016 年末，中国流动人口总量达到 2.45 亿，超过全国总人口的 1/6，中国流动人口总量呈现出逐年增长态势，流动人口已成为中国工业化、城镇化中一个特殊的人口现象。

中国经济的快速发展伴随着居民收入差距的不断增大，尤其是进入 21 世纪以后，中国的基尼系数长期保持在一个较高位置，虽然国家统计局公布的中国的基尼系数 2003 年以来呈现微弱的回落趋势，但仍然维持在 0.47 以上，超出国际警戒线 0.4 的标准。在此过程中，流动人口的工资收入也随着国民经济的发展相应地“水涨船高”，调查显示，2013 年 4 月就业流动人口的平均工资收入为 3287.8 元，同比增长 4.9%。但是由于流动人口自身所拥有的人力资本、从事行业和职业的不同，流动人口群体内部的收入差距日益明显（向书坚等，2014）①，而根据 2013 年流动人口动态监测调查数据的结果，流动人口收入不仅存在行业差距、地区差距等，不同就业身份流动人口的收入差距愈加明显，流动人口中的三种主要就业身份雇员、雇主和自营劳动者的月平均收入分别为 2680 元、4661 元和 3321 元，由此我们推测，流动人口收入是否存在就业身份差异？就业身份差异是否是造成流动人口收入差距的主要因素？关于这一问题，国外部分学者做

---

① 向书坚、李芳芝、李超：《区域分割下农民工收入差距的回归分解》，载于《统计研究》2014 年第 2 期。

过相关探讨，如帕克（Parker，1999）分析了英国1979～1995年雇员和自雇者的收入不平等，结果显示职业差异是造成雇员收入不平等的主要因素，相比而言，自雇者收入不平等的原因不易解释。福尔特（Falter，2007）研究了1992～2000年瑞士自雇者与雇员的收入不平等，指出两者的收入不平等显著，教育是造成两个群体收入不平等的主要因素，并且教育对雇员收入分布的影响程度大于对自雇者收入分布的影响程度。阿尔巴兰等（Albarran et al.，2009）利用西班牙1987～1996年SFES（Spanish Family Expenditure Survey）的收入与消费面板数据，研究了雇员和自雇者的收入不平等变动情况，发现两者之间的收入差异显著，并且雇员的收入不平等变动主要源于长期因素的方差变动，而自雇者的收入不平等变动主要源于短期因素的方差变动。国内学者从就业身份的角度研究中国流动人口收入差距的文献不多，中国流动人口群体的身份差异对收入差距的贡献程度如何、不同就业身份的流动人口的收入决定机制是否存在差异等相关问题的研究值得引起学者的关注。

收入不平等的状况无疑会给社会发展带来一系列问题，不利于经济的可持续发展（Aghion et al.，1999；Shin，2012；Sbaouelgi，2013）、助长社会犯罪活动的增加（Choe，2008；Scorzafave & Soares，2009；Chintrakarn & Herzer，2012；陈春良、易君健，2009；鲁元平、王韬，2011）、社会信任感降低（Leigh，2006；Gustavsson & Jordahl；2008）、居民健康状况恶化（Li & Zhu，2006；Feng et al.，2012；胡洪曙、鲁元平，2012），进一步对人类追求的终极目标幸福带来一定的影响（Graham & Felton，2006；Oishi et al.，2011；鲁元平、王韬，2011；王鹏，2011）。幸福感作为反映人民生活质量的重要指标近年来引起国内外学者的关注，中国政府也由关注经济增长的“硬”指标转向关注人民生活幸福的“软”指标，2010年温家宝在《政府工作报告》中明确指出，要让人民生活得更加幸福、更有尊严，地方各级人民政府也将关注民生、关注居民幸福、回归以人为本作为工作的出发点。虽然目前学者对中国国民幸福感的研究日趋增多，但是针对数以亿计的流动人口主观幸福感的研究成果罕见，对于城市劳动力市场中这个特殊的、不可或缺的群体，他们的幸福感更值得我们关注，例如，他们在流入地是否感觉比在老家更加幸福？收入差距是否会对主观幸福感产生作用？作用的方向和程度如何？主观幸福感在不同就业身份的流动人口之间是否存在跨层次效应？就业身份不同能否引起主观幸福感的差异？对于不同就业身份的流动人口，收入差距对主观幸福感的作用机制是否相同？等等，这些针对流动人口的诸多问题尚未解决。本书正是基于这些问题来研究流动人口的收入差距及其对主观幸福感的影响。

二、研究意义

大规模的流动人口是我国工业化、城镇化的一个显著现象，解决流动人口问题是破解中国城镇化改革难题的重中之重，流动人口面临规模庞大、社会保障缺失、子女教育、流动性差、社会融合难、收入差距扩大等一系列问题，其中提高流动人口收入和缓解收入差距是解决流动人口问题的重要维度。因为流动人口在做出是否流动的决定时首先考虑的是收入，稳定、满意的收入是他们在流入地的物质保障和经济基础，从某种程度上来说收入决定了流动人口的流动行为。虽然近年来流动人口的工资收入随着整体收入水平的提高而逐步增加，但是他们在城镇劳动力市场上一直是弱势群体、低收入群体，他们的收入增长水平与经济发展不同步、与劳动生产率的提高不同步、与城镇居民的收入增长不同步；与此同时，流动人口群体内部的收入不平等日益凸显，尤其是工资性收入的区域不平等、行业不平等现象逐渐引起学者的关注，而流动人口在流入地不同的就业身份差异是否进一步加剧了这种不平等呢？对于该问题学者们尚未给出合理的解释，因此本书将在不同的就业身份下考察流动人口的收入差距大小及其成因，从而为丰富收入分配理论提供更多的参考，为中国政府深入了解流动人口群体内部的收入差距，进而制定出针对流动人口群体的政策措施提供一定的依据。

同时，流动人口作为城市建设的中坚力量，为中国经济的发展和城市的建设做出巨大的贡献，如果他们对生活不满意，精神上得不到满足和提升，产生消极的厌恶心理，会导致城市犯罪行为数量增加，将不利于社会的和谐稳定和可持续发展。鉴于此，本书进一步在流动人口不同就业身份的视角下对收入差距影响流动人口主观幸福感的机理进行探析，从而为幸福经济学提供一些新的理论依据，这对提高流动人口的主观幸福感、维护流动人口的权益、缓解社会矛盾、确保社会各阶层的稳定、建设和谐社会具有重要的现实意义。

第二节　国内外研究进展

一、流动人口收入差距研究进展

收入差距包括城镇居民收入差距、农村居民收入差距、城乡收入差距、行业收入差距、地区收入差距等不同类别，每一类收入差距都有其特有的形成机理和发展趋势，国内外学者对此进行过深入有益的探讨，积累了很多有价值的成果。本书主要针对流动人口收入差距问题进行探讨，重点关注流动人口收入差距文献的研究进展，其他文献恕不赘述。

流动人口是中国户籍制度条件下的一个概念，在国际上类似的群体被称为

"国内移民"（Internal Migration）。因此，有关流动人口收入方面的国外研究文献也是针对中国的流动人口这个群体的。针对流动人口收入及差异性的研究主要涉及三个方面。

1. 研究流动人口收入的影响因素

对于流动人口收入的影响因素不同的学者考察的主要变量不同，如郑等（Zheng et al.，2010）利用北京市流动人口的调查数据，运用明瑟（Mincer）收入方程考察了流动人口的营养和健康水平对其收入的影响，回归结果显示营养和健康状况对流动人口收入具有显著的影响，从而中国政府应该关注流动人口的身心健康状况和饮食营养。黄（Huang，2011）利用中国流动人口调查数据，研究行业内工作转换和行业间工作转换对流动人口收入增长的影响，研究发现行业内工作转换对于提高低收入组的流动人口收入具有积极影响，而对于高收入组流动人口收入增长具有消极的影响，行业间工作转换对于所有流动人口的收入增长都不利。薛（Xue，2012）基于山西省 18 个县的流动人口调查数据，运用改进的明瑟收入方程，对山西省的流动人口收入进行回归，回归结果显示年龄、性别、职业技能等对提高流动人口收入有显著影响，而受教育水平和是否在山西省内务工对流动人口收入的影响不显著。

不论流动人口与城镇职工的收入差距是由特征差异还是由歧视造成的，两者之间的收入差距都是显著存在的，大量的劳动力市场数据也显示流动人口的工资收入低于城镇职工，因此激发了部分学者对流动人口收入影响因素的研究兴趣，对于影响流动人口收入的因素，除了一些常见的个人特征因素如性别、年龄、健康状况、婚姻状况、受教育年限等受到关注之外（栾敬东，2003；陈珍珍、游家兴，2009；龚斌磊等，2010；王欣、孔荣，2013 等），学者们还在控制个人特征变量的基础上，专门探讨了户籍制度、社会资本、工作转换、培训等制度和非制度对流动人口收入的影响，得出了一些建设性的成果。如章元、王昊（2011），郭凤鸣、张世伟（2011），章元、高汉（2011），魏万青（2012），周小刚、李丽清（2012）等研究了户籍制度对流动人口收入的影响，结果一致发现流动人口在城市劳动力市场上受到户籍歧视和不公平对待，他们不仅与城镇职工收入存在差距，而且与城镇职工同工不同酬，在劳动力市场上处于劣势地位。

关于社会资本对流动人口收入的影响方向，学者的研究结论存在差异性，张学志、才国伟（2012）和向书坚等（2014）的研究发现流动人口的社会资本增加有助于提高流动人口收入，社会网络丰富的流动人口收入显著高于社会网络匮乏的流动人口，而章元等（2008），章元、陆铭（2009）和叶静怡、周晔馨（2010）的研究则发现社会网络并不能直接提高流动人口的工资收入水平，章元等（2008）将流动人口的社会网络划分为社区层面的社会网络和家庭层面的社会网络，认为家庭层面的社会网络虽然不能直接影响流动人口的就业机会和工资水平，但是可以增加工作岗位的流动性，间接影响其工资收入，社区层面的社会网络则对流动人口收入既没有直接效应也没有间接效应。章元、陆铭（2009）考虑了社会资本的内生性，将农民工祖辈的社会背景和是否来自革命老区作为工具变量，运用两阶段最小二乘法，得出的结论是只有非常微弱的证据表明农民工的社会资本有助于提高其工资水平。叶静怡、周晔馨（2010）在解决模型的多重共线性和异方差问题的基础上，研究发现农民工可以通过转换社会资本，即由原来的原始社会资本转换为新型的异质社会资本，来提高其收入水平。

由于流动人口在进入劳动力市场之前受到前教育歧视，同时源于教育资源的匮乏，流动人口的平均受教育水平普遍低于城镇居民，所以流动人口人力资本的提高需要借助于职业技能培训等非正规教育的积累，陶银球（2010），张世伟、王广慧（2010），马金平、周勇（2013）等专门考察了技能培训对流动人口收入的影响，发现参加过培训的流动人口收入显著高于没参加培训的流动人口，并且不同层次培训的影响程度不同，企业培训由于其培训内容的针对性更强，对流动人口收入提升的帮助最大，政府培训的效果次之，个人培训对流动人口收入的提升效果最差。

2. 城镇居民与流动人口的收入差距

流动人口与城镇居民的收入差距产生的原因主要在于对城镇居民的偏爱和对流动人口的歧视，这两种效应在中国劳动力市场上并存，这不仅对流动人口的职业选择产生影响，而且显著影响着其收入水平（Knight et al.，1999）。因此，一般来说城镇居民和流动人口的收入差距较大，并且这种收入差距由特征效应和系数效应共同作用，但是学者们的研究结论却不一，有的学者得出系数效应（又称不可解释因素），即对流动人口的歧视是导致流动人口与城镇居民收入差距产生的主要原因，而有的学者却得出两者差距产生的原因主要是由流动人口的特征效应低于城镇居民造成的。如孟和章（Meng & Zhang，2001）利用上海社会科学院人口研究所开展的上海流动人口调查（the Shanghai Floating Population Survey）和上海居民与流动人口调查（the Shanghai Residents and Floating Population Survey）数据，运用布朗（Brown）分解方法，研究发现职业内差异占总差异的82.36%，其中职业内歧视解释了105.74%，职业间差异占总差异的17.54%，其中职业间歧视的解释程度为4.85%。毛雷尔和丁（2004）利用1999～2000年的城镇企业调查数据，研究了城镇居民和流动人口的收入差距，得出不可解释因素解释了城镇居民与流动人口收入差距的24.89%，而进一步的分析发现，教育一直对城镇劳动力市场上工资收入差异具有重要贡献，但是在不同群体上显示出层次差异，流动人口的教育收益率最低，一般城镇职工的教育收益率次之，被返聘的退休职工最高；当以城镇职工为标准进行组群差异分析时，教育的差异解释了总收入差异的16% ~52%。维埃拉（Vieira，2006）研究巴西2002年和2004年流动人口和非流动人口的收入差异情况，结果显示流动人口组的收入高于非流动人口组的收入，但是这种收入差距并没有增加该阶段居民的收入不平等。阮等（2007）运用1993 ~1998年的越南生活标准调查数据研究越南城乡人均生活消费支出（RPCE）的不平等，分位数分析结果显示，早期调查中的城乡差距在整个收入分布中，教育、种族和年龄的差异一直占主导，后期的调查中该原因仅存在于收入分布的低端，在其他分布领域城乡部门差异即系数效应占主导。段和罗（Duan & Luo，2013）通过调查成都平板家具企业员工的直接收入、间接收入和实物收入情况，将员工中的流动人口收入和非流动人口收入进行对比分析，发现流动人口与非流动人口之间的收入差距非常大，产生这种差距的原因主要是流动人口受教育水平显著低于非流动人口造成的，而性别、区域、户口等因素的影响却很弱，因此提高流动人口收入的关键是加强职业培训，同时建立行政监督机构和维护流动人口合法权益。而麦斯尼斯（Messinis，2013）利用覆盖全国范围的流动人口调查数据集，采用最新配对技术和IV估计方法对处于就业状态的流动人口收入及差异性进行研究，得出的结论却与以往文献的结论相差甚远，在考虑教育变量的内生性情况下，流动人口的教育收益率非常高，并且此情况下的流动人口收入差异几乎不存在。

随着中国流动人口规模的日益增大，流动人口在为中国经济的发展和城市的建设做出突出贡献的同时，所产生的一系列社会问题也逐渐引起国内学者的关注，而收入问题是解决其他一系列问题的经济基础，虽然流动人口的收入近年来有所增长，但是其与城镇职工的收入仍存在一定的差距，为此国内学者曾做了大量的研究，并积累了一些代表性的成果，研究主要围绕着流动人口所受的歧视状况进行，但是研究结果所得的歧视因素的解释程度不一，有些学者得出对流动人口或农民工的歧视是造成两者收入差距的主要原因，而另外一些学者认为流动人口与城镇居民的特征差异是造成两者收入差距的主要原因①。王美艳（2003）是国内较早地从身份歧视的角度对流动人口与城镇职工的收入差距进行研究的学者，她从计量经济学的角度将歧视定义为在控制了个人特征、人力资本、区域变量等影响劳动生产率的因素之后，由于劳动者的特殊身份（如性别差异、户籍差异等）带来的工资收入差异和不公平待遇，然后运用Oaxaca - Blinder分解方法分解出城市的歧视性政策对农村迁移劳动力和城市本地劳动力工资收入差异的解释比例，发现在总的工资收入差异中，仅有24%的比例是由两者的个人特征差异引起的，其余的76%则是由不可解释因素引起的，这种不可解释因素主要归

① 由于中国流动人口以大量由农村流入到城市的农民工为主要组成部分，因此很多学者以农民工的收入来代表全体流动人口的收入。

因于城市对农村迁移劳动力的户籍限制和城市公共福利体制。不久之后，姚先国、赖普清（2004）运用浙江省企业调查数据和农村流动劳动力调查数据，探讨了城镇企业工人与农民工之间由于户籍歧视带来的收入差距，Oaxaca - Blinder 分解结果显示人力资本和所在企业的差异是造成两者收入差距的主要原因，解释了总差距的70% ~80%，对农民工的户籍歧视解释了两者收入差距的20% ~30%，这与王美艳（2003）的研究结论存在一定差距。紧接着，王美艳（2005）利用2000 年人口普查的微观数据和五个城市进行的城镇居民和外来劳动力抽样调查数据，运用 Brown 分解方法研究外来劳动力与城市本地劳动力的工资差异，分解结果显示两者工资差异的41%是由岗位内工资差异引起的，59%的工资差异是由岗位间的差异所致，从个人禀赋来看，总差异的57%来自个人禀赋的差异，余下的43%由不可解释因素引起，即外来劳动力所受的歧视。邓曲恒（2007）利用中国社科院经济研究所收入分配课题组在 2002 年开展的城镇住户调查和外来务工调查数据，首先运用 Oaxaca - Blinder 分解方法，发现歧视因素解释了流动人口与城镇居民收入差异的60%，进一步的分位数分解结果显示，在收入分布的低分位点和中等分位点，歧视仍占主导，但在收入分布的高分位点，个人特征效应导致的收入差异占主导。但是邢春冰（2008）却得出与以往研究结果差异颇大的结论，他利用 2005 年全国人口普查数据，运用 Oaxaca - Blinder 分解方法，结果发现城镇职工与农民工收入差异的90%源于个人特征差异，并且教育的差异是主导原因，而歧视因素仅解释了两者收入差距的10%，他将这种差异的原因解释为以往研究样本的代表性较差，并将自己的研究结论进行了稳健性检验，为了证明这种研究结论的可靠性，邢春冰、罗楚亮（2009）基于同样的样本数据，采用 DFL 分解和综合技能模型的方法，进一步验证了城镇职工与农民工工资差距产生的原因主要由两者的特征差异所致。郭凤鸣、张世伟（2011）则运用一种新的基于自然实验的工资差异分解方法，将农民工所受的歧视分为进入劳动力市场前受到的教育歧视和进入劳动力市场后受的户籍歧视，分解结果显示两者收入差距的69.77%可由特征差异解释，前教育歧视和后户籍歧视对两者收入差距的解释比例分别为14.01%和12.99%。

3. 流动人口的性别工资差异

流动人口的性别工资差异研究，主要通过分解技术分析出性别歧视对收入差异的影响大小。如孟（1998）基于中国社科院人口所调查的山东济南 1504 个乡—城流动人口样本数据，研究流动人口收入的性别差异和职业分割，发现流动人口的性别工资的总差异主要由职业内差异解释，占 79.3%，职业间差异解释的比例为 20.7%，职业内的性别歧视解释了工资差异的 43.4%，职业间的性别歧视解释了工资差异的 36.1%。阿尔布雷希特等（Albrecht et al.，2003）利用 1998 年数据研究瑞士的性别工资差异，发现性别工资差异递增并在收入分布的高端较明显，称为“天花板效应”；然后运用分位分析方法检验这种现象产生的原因归因于性别歧视还是特征效应，在控制了年龄、教育、部门、行业和职业变量后，发现“天花板效应”是导致性别收入差异的关键因素。范（Fan，2003）利用宏观和微观相结合的流动人口数据，检验了中国城镇劳动力市场上性别的数量和质量分割，研究发现城镇劳动力市场上的流动人口存在着严重的性别分割，女性流动人口与男性流动人口相比，无论在收入还是职业方面，总是处于劣势地位。马格纳尼和朱（Magnani & Zhu，2012）对中国乡—城流动人口的性别收入差异进行了经验研究，结果发现男性流动人口的小时工资平均比女性流动人口高30.2%，但是性别收入差距在整个分布表现不一致，高分位点的性别收入差距大于中间分位点和低分位点，最后运用分位数分析方法将性别收入差异分解为特征效应和系数效应，发现虽然性别收入差距在高分位点最大，但是性别歧视问题在低分位点最为严重。

在对流动人口与城镇居民收入差距关注的同时，流动人口群体内部的性别收入差距也吸引了一些学者的关注。造成性别收入差距的原因很多，市场机制一度成为主要影响因素，随着学者们对歧视理论的广泛深入应用，近年来学者将性别歧视从收入差距的影响因素中分解出来（李春玲、李实，2008），流动人口的性别收入差距的研究也应运而生。钟甫宁等（2001）较早地研究了外来劳动力的性别工资差异，但他只是将男性外来职工和女性外来职工的收入决定方程进行对比，分析教育、工作经验等变量影响的差异性，这仅仅是对性别工资差异的初探。李实、杨修娜（2010）和张琼（2013）分别利用2008年北京师范大学在全国15个城市进行的农民工调查数据和珠江三角洲、长江三角洲的农民工调查数据，运用Oaxaca - Blinder分解方法，分解出性别工资差异中对女性的歧视部分分别为总差异的2/3和3/4，得出女性流动人口在劳动力市场上受到的歧视相当严重。王震（2010）进一步运用分位数分解方法对农民工的性别工资差异进行分析，发现性别歧视在农民工收入差异中仍占主导，并且农民工的性别工资差异存在“天花板效应”，在收入分布的高端性别歧视更加严重。黄志岭（2010）采用中国社科院经济研究所2002年的城镇暂住户调查数据，运用Brown分解方法研究了农村迁移劳动力的性别工资差异和职业分割，结果发现性别工资差异的歧视部分占80.7%，其中职业内工资差异的不可解释部分占总差异的69.6%，职业间工资差异的不可解释部分占11%，说明性别歧视在农村转移劳动力中不仅在职业内存在，女性在职业进入方面也存在性别障碍。由于Brown分解过程中可能存在指数基准问题，因此杨鹏、张广胜（2012）克服了指数基准问题，采用改进的Brown分解方法，构造了无歧视工资结构，更加精确地测度了农民工性别工资差异中各影响因素和不可解释部分所占的比例，结果同样发现性别歧视解释了农民工工资差异的绝大部分，占83.49%，其中行业内的直接性别歧视为71.62%，行业进入障碍的歧视为12.32%，因此缓解流动人口群体内部的收入差距，消除性别歧视是关键举措。

由此可以看出，国内外学者主要围绕着流动人口与城镇居民的收入差距、流动人口的性别收入差距及流动人口收入的影响因素三个方面，做了大量有益的探讨，为流动人口收入差距问题的研究奠定了坚实的基础，积累了丰富的前期成果和经验，但是国内外学者对于中国流动人口群体内部的总体收入差距及成因关注甚少，而流动人口群体内部的收入差距过大所带来的危害同样不可忽视，因此探究流动人口群体内部的收入差距现状及原因迫在眉睫。同时，流动人口在城市的就业身份不同，其收入决定机制也存在一定差异性，而国内对这方面研究的文献罕见。因此，流动人口的就业身份及群体内部收入差距等问题有待国内外学者探究。

二、主观幸福感研究进展

幸福感是一种主观心理感受，也称为主观幸福感（Subjective Well – being，SWB），是人们根据一定的标准对生活质量作出整体评价的一项综合性心理指标，是对生活状态的正向情感的认知评价。幸福感的研究主要是心理学家和社会学家的重点研究领域，直到1974年，美国经济学家理查德·埃斯特林（Richard Easterlin）开启了幸福在经济学领域的研究热潮，并提出了著名的“埃斯特林悖论”（Easterlin悖论）或“幸福—收入之谜”，即在某一个时期，收入越高则幸福感就越强，但是幸福感并不随着收入的提高而持续增强。导致这一问题的原因何在？学术界探索多于共识，幸福感的研究热潮在经济学界悄然到来。经济学家主要从微观和宏观两个层面对主观幸福感的影响因素进行论证。如迪特拉等（Di Tella et al.，2001、2003）、弗雷伊和斯塔特罗（Frey & Stutzer，2002）、山菲和泰克索兹（Samfey & Teksoz，2007）、瓦兹等（Wassmer et al.，2009）、日埃默（Ram，2009）分别从宏观层面的失业率、财政支出、通货膨胀率等因素对主观幸福感的影响进行研究。奥斯瓦德（Oswald，1997）、布兰法罗和奥斯瓦德（Blanchflower & Oswald，2007）则从性别、年龄、婚姻状况、健康状况、受教育水平、家庭成员数量等微观层面的个人特征变量对主观幸福感的影响进行了深入研究，研究结论基本受到各国学者的一致认可。笔者经过对主观幸福感的影响因素进行归纳，发现国内外学者除了在性别、年龄等个人特征变量对主观幸福感的影响方向研究结论一致之外，对于绝对收入、相对收入，收入不平等、机会不平等等指标对主观幸福感的影响方面的研究结论不一，探索多于共识。本书接下来主要从绝对收入、相对收入、收入不平等、宏观经济变量等经济因素对主观幸福感的影响在国内外的研究现状进行梳理。

1. 国外研究现状

（1）绝对收入与主观幸福感。自从埃斯特林1974年率先从经济学角度研究收入与幸福感的关系，并提出了“埃斯特林悖论”以来，越来越多的经济学家涉足主观幸福感的研究，从收入的不同角度全方位考察收入与幸福感的关系。

关于绝对收入水平与幸福感的关系国外学者们主要从三个方面论证：一是特定时点上的收入水平与幸福感之间的关系，通过对发达国家和发展中国家的居民收入与幸福感关系的经验研究得出一致结论：收入水平与幸福感存在正向关联，收入水平越高的居民，其幸福感越强（Richard A. Easterlin，1995；Blanchflower & Oswald，2004；Graham & Felton，2006），其中发展中国家居民的幸福感的收入效应数值要比发达国家更大，即使随着收入水平的提高，收入所带来的幸福感边际效应逐渐降低，但是收入与主观幸福感之间的正相关关系始终显著。二是动态地考量收入与幸福感的关系，埃斯特林（1974，1995）、布兰法罗和奥斯瓦德（2004）等通过对英国、美国等西方国家的收入与幸福感的关系研究发现，随着国民收入的逐年提高，居民的幸福感却没有同比例增加，而是趋于稳定状况，甚至出现下降，这种现象在很多国家普遍存在，从而打破了经济增长必然会提高国民幸福感的错误观念，“幸福—收入之谜”或“埃斯特林悖论”由此产生，此后围绕着“幸福—收入之谜”学者们对收入影响主观幸福感的机理进行探讨，其中适应性水平理论（Adaptation Level Theory）和相对收入理论（Relative Income Theory）成为两大主流观点。适应性水平理论认为随着人们收入水平的提高，其对未来生活的预期更高，从而愿望曲线向上移动，当新的收入水平无法达到预期收入时，人们逐渐适应实际收入，幸福感逐渐回归到原有幸福水平。相对收入理论认为由于人们总是不自觉地与其他人比较，当自己收入水平上升的同时，如果其他人的收入水平也同比例上升，则会由于与别人比较带来对自身幸福感的负向影响抵消了本身幸福感的上升，从而幸福感保持不变。三是幸福感的跨国比较研究，不少学者通过对不同国家居民幸福感的跨国研究发现，富有国家居民的幸福感比贫穷国家居民的幸福感高（Alesina et al.，2004；Blanchflower & Oswald，2004；Bjørnskov et al.，2008）。但是该结论更多受到不同国家文化、制度等因素的影响，并非完全由是否富裕决定，例如美国人更愿意向外界表现出一种幸福的感受，因为他们认为只有幸福快乐才是积极的生活态度，而法国人却有不同的观念，所以他们总是表现出一种谦虚、深沉的姿态；另外，通常富裕国家的居民会享受到更好的社会保障、更优的生活环境和更民主的社会环境，因此他们的幸福感比贫穷国家的居民更高。

（2）相对收入与主观幸福感。虽然绝对收入在主观幸福感的影响因素中占有重要地位，但是随着研究的进一步深入，学者们发现相对收入水平对幸福感的影响甚至比绝对收入还要大，从而解释了为何经济增长没有带来国民幸福感的同步提高。埃斯特林是强调主观幸福感中相对收入效应的代表学者之一，他在一系列文章中论证相对收入对主观幸福感的重要作用，虽然主观幸福感随着个人收入水平的提高而同向变化，但是由于一些人对金钱的盲目追求，当他人收入水平提高时，又会带来本身主观幸福感的降低。科拉克和奥斯瓦德（Clark & Oswald，1996）、卢特莫（Luttmer，2005）、多恩等（Dorn et al.，2007）学者研究发现绝对收入水平与主观幸福感只存在微弱的正相关关系，而相对收入与主观幸福感却存在着显著的负相关关系，并且相对收入对主观幸福感的影响程度远远高于绝对收入。

相对收入的研究一般设定一个参照组，可以是自身经济状况的前后对比、对未来经济状况的预期、对自身所处经济地位的评价等，麦克布莱特（McBride，2001）、斯塔特罗（Stutzer，2004）、格雷汉姆和费尔顿（Graham & Felton，2006）等运用不同的样本研究了它们对主观幸福感的影响，发现它们对主观幸福感都存在着显著的正向作用关系，这样一旦自身经济状况出现下降或生活预期低于实际收入水平或感觉自身所处的经济地位下滑，幸福感就会降低。但是这种效应在不同收入阶层中表现不一，对于低收入阶层来说，由对比产生的差距使得自身幸福感下降的幅度较大，而对于高收入人群来说，对比产生的优越感使得自身幸福感提高的幅度却比较小。正是因为相对收入效应的多样化，相对收入效应对主观幸福感的影响成为幸福经济学研究的热点之一。

（3）收入差距与主观幸福感。收入不平等指标作为影响幸福感的重要宏观经济变量，逐渐成为学者们的关注热点之一。国外学者对于收入差距与主观幸福感作用关系的研究主要从直接效应和间接效应两个方面展开。

直接效应的研究主要基于两个层面：一是纯粹的不平等厌恶，人们长期以来一直受“不患寡，而患不均”思想的影响，对不平等存在着强烈的厌恶，费尔和施密特（Fehr & Schmidt，1999）、卡内曼和克鲁格（Kahneman & Krueger，2006）、特里克米等（Tricomi et al.，2010）分别从人类学、行为科学、神经科学的视角对人们的不平等厌恶行为进行验证。这种不平等厌恶使人们产生消极情绪和抑郁心理，降低了生活满意度，幸福感随之降低。莫拉维茨等（Morawetz et al.，1977）最早研究了人们的收入不平等与幸福感的关系，通过对以色列两个收入分配程度不同的村庄的居民生活满意度研究发现，生活在收入分配较为均等的村民生活满意度显著高于生活在收入分配不平等的村民；艾伯特和韦尔施（Ebert & Welsch，2009）通过研究欧洲居民对收入不平等的评价，也发现欧洲居民具有显著的收入不平等厌恶。二是收入流动性感知或隧道效应，西纳等（2004）研究发现，收入不平等在有些时候可以成为一种积极的因素，尤其是对于收入流动性较高的国家，例如在美国，穷人将收入差距看作是一个充满希望的阶梯，激励他们努力工作，争取获得较高收入，跻身于上流社会，从而收入差距对幸福感有显著的正向促进作用，而在收入流动性较低的欧洲国家，收入不平等对幸福感却是负向影响。施瓦茨和哈伯（Schwarze & Härpfer，2007）运用1985～1989年的德国社会经济面板数据（GSOEP），检验收入不平等与国民幸福感的关系，研究发现德国居民的不平等厌恶不明显，降低收入不平等不会增加国民幸福感，相反地，收入不平等的降低给中等收入者带来额外的心理压力，学者们将这种现象形象地称之为“隧道效应”，即人们虽然感受到收入的不平等，但是他们对未来抱着一种积极的态度，有较乐观的生活预期，幸福感油然而生。米拉诺维克（Milanovic，2008）通过对26个转型国家1990～2005年的面板数据进行研究，发现经济体制转型期的国家居民更容易接受收入不平等的现实，因为正是由于差距的存在，使他们看到未来收入快速增长、摆脱贫穷的希望；奈特等（Knight et al.，2009）运用2002年中国家庭调查数据，研究中国农村居民的幸福感，发现中国农村居民的收入不平等与主观幸福感的反向影响程度微弱，隧道效应也可以用来解释中国农村居民的收入不平等与主观幸福感之间的关系。

间接效应是指收入不平等所带来的一系列问题，如违法犯罪、心理疾病、社会信任危机等，这些问题也会对人们的主观幸福感产生一定的负面影响。多默贝尼恩斯和欧兹纳（Demombynes & Özler，2005）、克洛伊（Choe，2008）等都对收入不平等与违法犯罪活动的关系进行了经验研究，发现收入不平等促使了社会犯罪、不安定因素的大量增加。而社会犯罪对主观幸福感的影响研究在21世纪之前更多的是心理学家研究的热点，如索伦森和戈尔丁（Sorenson & Golding，1990）、诺里斯和凯钠斯特（Norris & Kaniasty，1992）、迈克尔和宗博（Michalos & Zumbo，2000）等从心理学角度研究发现社会犯罪活动给人们带来一定的恐惧、抑郁、烦躁、压力等悲观心理，从而降低生活满意度水平，对主观幸福感具有很大的负面影响。近年来一部分经济学家对此问题展开了实证研究，实证结果表明社会犯罪对居民的主观幸福感具有显著的负面影响，尤其是对富人幸福感的影响程度更大（Alesina et al.，2004；Powdthavee，2005；Di Tella & Schargrodsky，2009；Davies & Hinks，2010）。由此可以推断收入不平等可能通过违法犯罪、心理疾病、信任危机等渠道间接影响主观幸福感，为此，奥施等（Oishi et al.，2011）运用1972～2008年的综合社会调查数据（GSS），对美国居民的收入不平等与幸福感关系进行研究，实证结果发现处于低收入群体的美国居民，他们的公平感和对他人的信任感在收入不平等较大的年份低于收入不平等较小的年份，高收入群体中这种现象不明显，该问题产生的原因不在于他们的低收入，而在于收入不平等带来的不公平感和信任危机间接地降低了主观幸福感。

（4）宏观经济变量与主观幸福感。随着学者对幸福经济学研究的日益深入，发现主观幸福感不仅受人口学特征、收入状况、分配制度等因素的影响，宏观经济变量如失业率、通货膨胀、环境污染、政府支出，对幸福感的影响成为幸福经济学研究的新兴领域，研究结论基本一致。温克尔曼（Winkelman，1998）、迪泰拉等（Di Tella et al.，2001、2003）、费雷和斯塔特勒（Frey & Stutzer，2002）、斯塔特勒（2004）、艾格斯等（Eggers et al.，2006）通过控制个人特征变量，将就业状况纳入幸福函数，研究发现失业对人们的幸福感具有显著的负面影响，幸福经济学家将该问题的原因解释为，一方面失业使得收入减少，生活质量下降，幸福感降低；另一方面失业使人产生焦虑、挫败感等心理障碍，生活满意度下降。西纳等（2004）、迪泰拉等（2001、2003）研究了欧美国家的通货膨胀对幸福感的影响，发现人们对通货膨胀存在厌恶感，因为他们担心通货膨胀使得未来生活水平下降，收入分配状况恶化，甚至引起社会动荡，给生产生活带来不利影响。政府支出对居民主观幸福感的影响路径主要是政府支出的增加完善了公共基础设施，人们可以通过享受公共服务来减少个人经费的开支，有利于居民幸福感的提升；迪泰拉和麦卡洛克（Di Tella & MacCulloch，2005）、瓦兹莫（Wassmer，2009）、日埃默（Rama，2009）等使用多个国家的大样本跨国数据研究政府支出与幸福感的关系，得出一致结论，即政府支出的增加，有利于促进居民主观幸福感的提升。韦尔施（Welsch，2002）最早对环境污染与居民幸福感之间的关系进行经验研究，他利用54个国家关于幸福感的跨国调查数据，以二氧化氮排放量度量空气污染状况，得出二氧化氮排放量对人们的幸福感产生严重的负面影响；随后，韦尔施（2006、2007）又用欧洲的10个国家幸福感调查的面板数据，考察主观幸福感、空气污染、收入等变化情况，研究结果同样得出空气污染对主观幸福感的不利影响；日赫旦兹和麦迪逊（Rehdanz & Maddison，2005）、弗雷里·卡博内尔和高迪（Ferrer-i-Carbonell & Gowdy，2007）、蒂瓦里（Tiwari，2011）、门茨和韦尔施（Menz & Welsch，2012）、纳多和格雷西亚（Cuñado & Gracia，2013）分别从环境污染的不同方面，在控制了个体特征等无法观测到的固定效应之后，发现环境污染带给人们消极的心理创伤和疾病，间接地致使人们的主观幸福感大大降低。

2. 国内研究现状

国内对幸福感的研究起步较晚，20世纪90年代，心理学家和社会学家开始关注中国国民幸福，但是发展较慢，取得的突出性代表成果较少；国内经济学者最近几年才开始关注幸福感的研究，由于样本数据获取的限制，研究的广度和深度都无法与国外媲美，已有文献主要围绕收入及收入不平等与国民幸福感的关系、幸福感的影响因素等方面进行探讨。

（1）收入与主观幸福感。一部分学者通过经验研究，验证了收入与主观幸福感的关系，研究结论基本一致。如罗楚亮（2009）运用城乡住户调查数据，研究了绝对收入、相对收入与主观幸福感的关系，发现无论是否控制相对收入，绝对收入与主观幸福感都存在显著的正向关系，若控制相对收入，则相对收入效应大于绝对收入效应；袁正等（2013）运用 CHIPS（2002）进行经验研究，发现收入水平对主观幸福感存在着正向影响，并在低收入阶层中表现更明显；夏伦（2014）基于原国家人口和计划生育委员会 2012 年流动人口动态监测调查问卷数据，以北京市流动人口为研究样本，结果发现流动人口收入与主观幸福感之间的正向影响关系显著；赵新宇等（2013）则基于 2012 年公众主观幸福感问卷调查数据，检验了“幸福悖论”在中国是否出现，结果得出中国已经出现“幸福悖论”，但是相对收入效应对中国公众主观幸福感的影响程度比绝对收入更大。

（2）收入不平等与主观幸福感。还有一部分学者针对中国的收入不平等与居民幸福感的关系进行了经验研究，但研究结论不一。如彭代彦、吴宝新（2008）运用湖北和湖南两省的农户调查数据，研究发现村庄内部的农业收入差距对农民主观幸福感存在显著的负面影响，但是非农业收入差距的影响却不显著；何立新、潘春阳（2011）运用中国社会综合调查（CGSS）和中国城市面板数据库（CEIC）2005 年的数据，从机会不平等和收入不平等两个维度诠释中国的“幸福悖论”，发现收入差距和机会不平等对中国居民主观幸福感都存在显著的负面影响，尤其是对低收入者和农村居民的主观幸福感的影响更大。王鹏（2011）基于中国社会综合调查（CGSS）2006 年的数据，考察收入差距与主观幸福感的关系，研究发现收入差距与主观幸福感之间存在着倒“U”型关系，并且在不同的居住地、户籍、教育程度上存在着跨层次效应。任海燕、傅红春（2012）和张辉（2013）分别运用 CGSS 2006 年和 CGSS 2008 年的调查数据，验证了收入差距与主观幸福感的负向影响关系，并探讨了不同群体之间的差异。胡洪曙、鲁元平（2012）运用中国老年人健康长寿调查（Chinese Longitudinal Healthy Longevity, CLHLS）数据，研究老年人的收入差距与幸福感的关系及传导机制，发现收入不平等对中国老年人的幸福感同样存在着负面影响，并且存在城乡差异，对农村老人的负面影响大于对城市老人的负面影响，收入不平等还通过影响老人的健康状况间接地影响主观幸福感。

（3）宏观变量与主观幸福感。鲁元平等将宏观变量引入中国居民主观幸福感影响因素的研究中，并对收入不平等对幸福感的间接影响机制进行了探讨，为中国居民主观幸福感研究做出一定的贡献。如研究公共支出与中国农村居民主观幸福感的关系，得出增加公共支出能显著提高农村居民的幸福感，其作用机制主要通过增加农村居民的消费来实现（胡洪曙、鲁元平，2012）。鲁元平、王韬（2011）运用世界价值观调查数据（WVS），在控制相关变量后，将通货膨胀率、失业率、犯罪活动等宏观变量引入幸福感函数中，发现它们对主观幸福感都存在显著的负面影响，收入不平等的社会流动性感知对主观幸福感的影响路径不成立，收入不平等通过犯罪活动数量的增加对主观幸福感产生间接的降低作用，并且存在城乡差异和不同收入等级差异。鲁元平、张克中（2010）基于世界价值观中国部分的调查数据，考察了亲贫式支出对国民幸福的促进作用，研究发现增加教育、医疗保障和社会保障三种形式的亲贫式支出对提高国民幸福感具有显著的正向作用，也是解决中国“幸福悖论”的有效手段。鲁元平、杨灿明（2013）基于中国社会综合调查（CGSS）2006 年的数据实证分析了财政分权、地方政府支出偏好对居民主观幸福感的影响，发现财政分权不利于提升居民主观幸福感，这种影响取决于亲贫式支出的大小，随着亲贫式支出的提高财政分权的阻碍作用逐渐降低，直到转为促进主观幸福感的提升。

由此看出，国内对主观幸福感的研究重点关注的是国民主观幸福感，或者是城镇和农村居民主观幸福感的差异比较以及不同收入等级的差异比较，但是流动人口作为我国规模庞大的一个群体，他们在我国劳动力市场上发挥着中流砥柱的作用，他们在流入地是否感觉到幸福，这关系到社会和谐和城市的安定，而目前已有研究却鲜有对中国流动人口主观幸福感的关注，这不利于完整的幸福感理论的构建。因此，中国流动人口主观幸福感的研究将有助于丰富幸福经济学理论，同时有利于中国政府更加了解流动人口的幸福状况，从而实施有针对性的惠民政策，提高国民幸福感。

三、简要述评

综观国内外学者对流动人口收入差距及幸福感的研究，所作的努力和取得的成果是毋庸置疑的，为未来的研究奠定了坚实的理论和实证基础，同时给我们以启发，带领我们沿着正确的科学道路前行。但是已有研究中还有一些尚未解决的问题。

其一，在研究流动人口收入差距时，对流动人口与城镇居民的收入差距、流动人口性别收入差距的关注过多，却甚少关注流动人口群体内部的收入差距。其实流动人口作为一个特殊的群体，也应该像城镇居民或农村居民群体一样引起我们的关注，可是学者们在考察城镇居民内部收入差距、农村居民内部收入差距以及城乡收入差距时，忽略了流动人口群体内部的收入差距。

其二，流动人口在流入地的就业身份决定着其谋生方式，同时也决定着其收入水平，就业身份对流动人口收入的影响至关重要，而这一重要的解释变量在以往流动人口收入影响因素的研究中被忽略，从而使流动人口收入方程的解释能力不足，估计误差较大；同时，流动人口的就业身份对群体内部收入差距的贡献有多大？流动人口在选择就业身份时是否存在选择性偏误？不同就业身份的流动人口收入决定机制存在哪些差异？他们的性别收入差距的特征表现有何异同？学者们对这一系列问题尚未解决。

其三，学者们大多将城镇居民、农村居民或全国居民作为幸福经济学的研究对象，研究流动人口主观幸福感的文献极少，而流动人口是否幸福关乎中国的城镇化质量和社会的和谐稳定，所以对流动人口主观幸福感的研究将成为幸福经济学的一个新领域。

其四，在以往幸福感影响因素的研究文献中，未涉及就业身份对幸福感的影响，即老板是否比员工更加幸福？流动人口不同的就业身份是否影响流动人口的主观幸福感？“埃斯特林悖论”在流动人口群体是否存在？个人收入和家庭收入对流动人口幸福感的影响方向和程度如何？流动人口群体内部的收入差距对主观幸福感的作用机制如何？流动人口的就业身份、收入差距与主观幸福感三者之间有何影响关系？这一系列关乎流动人口的问题尚未解决。

以上这些问题为本书提供了研究的素材和方向，鉴于此，本书重点研究流动人口群体内部的收入差距，考察就业身份对流动人口收入差距的贡献程度；在纠正流动人口就业身份选择偏误的基础上，研究不同身份的流动人口收入决定机制的异同，并深入剖析不同就业身份流动人口的性别收入差距；在此基础上探析流动人口收入差距对主观幸福感的作用机制，并检验收入差距对主观幸福感的影响在不同就业身份上是否存在跨层次效应。本书针对流动人口收入差距和幸福感的研究无疑对于缓解收入差距、丰富幸福经济学理论、提高城镇化质量、改善民生、提高流动人口幸福感、建设和谐社会具有重要的理论和现实意义。

第三节 研究框架

一、研究思路

本书基于原国家人口计生委组织实施的《中国流动人口动态监测调查》(2012) 数据，在梳理相关理论基础的前提下，首先，全方位描述流动人口收入分布特征，采用非参数检验方法检验不同特征流动人口之间的收入差异性；其次，运用回归分解方法，研究流动人口群体内部收入差距的大小及成因，重点考察就业身份对流动人口收入差距的贡献程度，并将雇主和雇员两种不同就业身份的流动人口收入差距成因进行对比分析；再次，分别运用均值分解和分位数分解，更加深入地探析雇主和雇员两种不同就业身份流动人口的性别收入差异及成因，并进行对比分析；最后，研究收入差距所带来的负面心理效应，探析流动人口收入差距对主观幸福感的影响机制，检验“埃斯特林悖论”在流动人口中是否存在。基于以上研究，得出缓解流动人口收入差距及提高主观幸福感的政策启示。

二、研究方法

本书在研究过程中除了将定性分析与定量分析相结合、规范分析与实证分析相结合之外，还将计量分析方法与数学分解方法相结合，并努力借鉴最新的分解技术，具体的研究方法如下：

1. 计量分析方法

（1）核密度估计方法。由于流动人口的收入分布形态未知，本书采用非参数核密度估计方法，运用核密度估计方法测算流动人口收入概率密度函数值及概率密度曲线图。

（2）非参数检验方法。由于非参数检验方法可以规避流动人口总体分布未知的问题，在总体分布未知或知之甚少的情况下，运用流动人口的样本数据对总体收入特征进行统计推断，从而检验不同特征流动人口的收入差异性。

（3）赫克曼两步法。考虑到流动人口就业身份可能存在的样本自选择问题，采用转换回归模型，即赫克曼两步法估计雇主和雇员的收入决定方程，探讨雇主内部和雇员内部收入差距产生的原因及各因素的贡献程度。

（4）两阶段最小二乘法（TSLS）与普通最小二乘法（OLS）相结合。采用两阶段最小二乘法（TSLS）检验流动人口收入决定方程中教育变量的内生性，将估计结果与普通最小二乘法（OLS）进行对比，选择较为合理的估计方法。

（5）有序 Probit 回归方法。主观幸福感根据被调查者的回答分成五个等级，属于排序数据，运用有序 Probit 模型对流动人口的主观幸福感进行回归分析。

2. 数学分解方法

（1）基于夏普利值的回归分解。该方法一方面能够克服按人群分解的连续变量问题、内生性问题等方面的限制，将各种影响因素对收入不平等的贡献考虑在内；另一方面该方法不限制收入函数的形式和度量收入差距的指标，并且能够很好地处理收入方程中常数项和残差项的贡献问题，因此本书运用该方法分解出各影响因素对流动人口收入差距的贡献程度。

（2）均值分解。基于 Oaxaca – Blinder 分解方法，本书解决了指数基准问题，构造无歧视工资结构，对雇主和雇员的性别收入差异进行分解，研究其特征效应和系数效应。

（3）分位数分解。运用分位数回归和分解方法，从整个收入分布角度全方位考察流动人口的性别收入差异，研究不同分位点的残差效应、特征回报效应和变量效应。

三、主要研究内容

本书的主要研究内容包括七章，具体研究内容如下：

第一章，导论。介绍选题的背景与意义、国内外相关研究进展及本书的研究框架。

第二章，研究的理论基础。首先，介绍收入不平等的测度方法；其次，梳理收入差距的分解理论；最后，阐述收入差距影响主观幸福感的作用机理。

第三章，中国流动人口收入分布特征与差异性。首先，对样本和主要变量进行描述统计分析；其次，在对流动人口收入分布进行描述统计的基础上，进一步运用核密度估计法刻画流动人口收入分布特征；最后，运用非参数检验方法检验流动人口收入分布的特征差异性。

第四章，中国流动人口收入差距的影响因素研究。首先，对中国流动人口收入差距的影响因素进行研究，主要应用基于夏普利值的回归分解，计算出各类解释变量对流动人口收入差距的贡献，并找出影响收入差距的主要因素；其次，由回归分解可知就业身份是影响流动人口收入差距的关键因素，以雇主和雇员两种不同的就业身份为典型，将不同就业身份流动人口收入差距的影响因素对比研究，考察其收入决定机制的异同及各影响因素对其收入差距贡献的大小。

第五章，不同就业身份的流动人口性别收入差距研究。本章在第四章的基础上，进一步探讨流动人口的性别收入差距及成因，以期更加全面地考察流动人口收入差距。首先，对雇主和雇员的性别收入差距进行均值分解，并将两者的均值分解结果进行对比；其次，对雇主和雇员的性别收入差距进行分布分解，全面考量不同分位点的特征效应和系数效应。

第六章，流动人口收入差距对主观幸福感的影响研究。重点探讨流动人口收入差距引发的负向心理效应，对主观幸福感的影响。首先，阐述主观幸福感的产生机制，介绍幸福感的测量方法和计量模型；其次，绘制流动人口主观幸福感的分布直方图，了解其分布特征；再次，对流动人口收入差距对主观幸福感的影响进行实证研究，从个人和家庭两个层面的绝对收入和基尼系数对主观幸福感的影响进行论证，研究其对主观幸福感的作用机制；最后，检验收入差距对主观幸福感的影响在流动人口不同类别群体中的异质性。

第七章，主要结论与启示。总结全书的主要研究结论，得出政策性启示，并展望今后进一步的研究方向。

四、创新与不足

本书基于原国家人口和计划生育委员会 2012 年组织实施的《中国流动人口

动态监测调查》数据，对不同就业身份下流动人口群体内部的收入差距成因及其对主观幸福感的作用机制进行了经验研究，既得出了若干建设性的结论和重要启示，同时也存在些许不足。

1. 本书的主要创新之处

与现有文献相比，本书可能的创新点主要包括以下几点：

（1）现有文献大多仅限于对流动人口的性别收入差距或者流动人口与城镇居民的收入差距进行测度，本书则全面监测了流动人口群体内部的收入差距，并找出流动人口收入差距的成因及决定因素。

（2）重点关注就业身份与流动人口收入差距的关系，并在考虑流动人口就业身份自选择问题的前提下，将不同就业身份的流动人口收入差距成因进行对比研究。

（3）在均值分解和整个分布分解的框架下，全方位考量雇主和雇员的性别收入差距，并进行对比研究。

（4）现有文献极少关注流动人口的主观幸福感，本书对流动人口主观幸福感的研究则丰富了幸福经济学的研究内容。

（5）本书不仅检验了“埃斯特林悖论”在中国流动人口群体中是否存在，而且从收入差距对主观幸福感的影响机制层面进行破解，并检验这种影响在不同就业身份之间是否存在跨层次效应。

2. 不足之处

（1）由于调查数据指标的限制，雇主收入决定模型中仅包含个人特征、所在行业、社会资本等变量，未能将企业家才能、管理天赋等对雇主收入有显著影响的变量纳入模型，致使模型的整体拟合优度偏低。

（2）鉴于《中国流动人口动态监测调查》始于2010年，时间跨度较短，不易反映动态变迁，并且各年的调查指标有所变化，所以本书只利用2012年调查数据研究了流动人口收入差距及其对主观幸福感的影响，若能利用时间序列考察其动态变迁，则可使研究结论更加深化。

第二章

研究的理论基础

第一节 收入差距的测度

收入差距的测度是收入分配研究的基础和前提，一个优良的收入差距测度指标关系到能否得出正确的研究结论，因此选择一个合理的收入差距测度方法尤为重要。对收入差距的测度方法包括图形法和指标法两种，图形法是指根据样本数据绘制出如帕累托（Pareto）图与洛伦兹（Lorenz）曲线图之类的图形，根据图形的特征直观地判断收入分配差距，其优点是直观明了，缺陷在于当图形出现交叉时，结果将无法解释，并且不利于显示收入分配状况的变化趋势；而指标法克服了上述缺点，用一个精确的数值表达收入分配差距状况。收入差距的度量指标可分为绝对指标和相对指标两大类，绝对指标包括极差、标准差、平均差等，但是由于绝对指标带有量纲，使得测算收入分配差距时会因为量纲的不同得出不同的收入差距数值，不具有国际可比性，在实际应用中受到一定的限制，甚至不被国内外学者所接受；而相对指标则被国内外学者广泛使用，本书接下来所指的收入差距的测度指标即指收入差距测度的相对指标。

一、收入差距测度指标的性质

测度收入差距的相对指标理论上需具备匿名性、齐次性、人口无关性、敏感的转移原则以及强洛伦兹一致性五种性质。

匿名性（Anonymity）又称为无名性，是指收入差距测度指标的度量结果仅与观察数值有关，而与观测对象的位次、身份地位没有任何关系。

齐次性（Homogeneity）要求收入测度指标不受测量量纲的影响，即所有观测值同方向扩大或缩小一个倍数后，衡量的收入差距大小保持不变，也称为规模无关性。

人口无关性（Population Independence）又称为总体独立性，指度量结果不受样本大小的影响，即同比例扩大或缩小收入分布相同的总体大小，收入差距测度结果不变。

敏感的转移原则（Principle of Transfers）是指给定一个总体，当财富由总体中的富人转移给总体中的穷人时，收入差距测度指标的结果应该减小或者保持不变。

强洛伦茨一致性（Strongly Lorenz - Consistent）要求和洛伦茨曲线具有一致性，若洛伦茨曲线重叠时，则不平等指标测度结果应该相同，当一条洛伦茨曲线完全在另一条洛伦兹曲线右边时，则右边曲线对应的不平等程度更高，强洛伦茨一致性要求需要利用全部样本信息度量收入分配差距程度。

二、收入差距的测度指标

依据以上收入差距测度的相对指标需要具备的五个性质，学者们测度收入差距采用的主要相对指标包括标准差系数、基尼系数和广义熵指数。

1. 标准差系数

标准差系数在测度收入差距时用来反映居民收入水平偏离平均收入水平的程度，用全部居民收入变量的标准差与平均收入水平对比得到，计算方法如下：

$$V_{\sigma} = \frac{\sqrt{\frac{\sum_{i=1}^{n}(x_i - \bar{x})^2}{n}}}{\bar{x}} \tag{2-1}$$

式（2-1）中，V_{σ} 表示标准差系数，x_i 表示每位居民的收入，$\bar{x}$ 表示居民收入均值，n 表示样本单位数。

标准差系数虽然是反映不平等程度的重要指标，但也存在一些缺陷，如式（2-1）在计算标准差时用收入离差的平方除以 n 来消除样本单位数的影响，但是离差的平方为二次项，样本单位数为一次项，这种计算方式的不科学之处表现在据此计算出的标准差很容易受到样本数据分布的影响，使人对结果产生疑惑；标准差系数一个最大的缺陷表现在其数值不存在一个闭区间范围，从而不能根据系数的大小来判断收入差距程度（洪兴建，2002）。

为此，洪兴建（2002）对标准差系数进行了改进，改进的标准差系数公式为：

$$V_{\sigma} = \frac{\sqrt{\frac{\sum_{i=1}^{n}(x_i - \bar{x})^2}{n(n-1)}}}{\bar{x}} \tag{2-2}$$

式（2-2）与式（2-1）的区别在于式（2-2）中标准差的分子分母同为

二次项，这种计算方式的好处在于：第一，标准差的计量单位与原数据单位一致，标准差系数是个无量纲的相对数；第二，这种计算方法更加科学，用 $n(n-1)$ 而不是 n^2，因为一方面当 n 很大时，$n(n-1)$ 近似等于 n^2，另一方面当 n 很小时，可以避免 n 的过度影响；第三，标准差系数 V_σ 存在一个闭区间 $V_\sigma \in [0, 1]$，并且能够根据数值的大小判断不平等程度，标准差系数越大，收入不平等程度越高，其中当 $V_\sigma = 0$ 时，不存在收入差距；当 $V_\sigma = 1$ 时，收入差距最大；第四，克服了基尼系数的部分不足。

2. 基尼系数

基尼系数（Gini Coefficient）是20世纪初意大利经济学家基尼（Gini）提出的，是通过把洛伦兹曲线（见图2－1）所表示的收入差距数量化，从洛伦兹曲线推导出来的反映收入分配差距程度的一个相对指标，它是国际上广泛采用的度量收入分配不均等的指标，能够比较客观、综合性地描述一个国家或地区的收入分配状况。

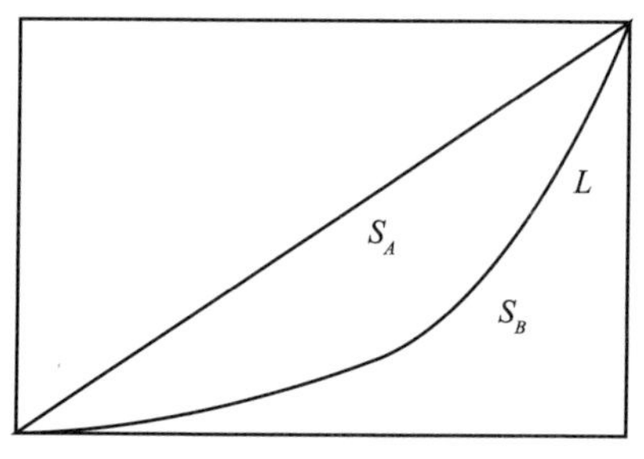

图2－1 洛伦兹曲线

图2－1中横坐标表示按收入从低到高排列的累计家庭户数百分比，全部为100%；纵坐标表示对应的累计收入百分比，全部为100%。这样在正方形中，45°线是当参与分配的每一户家庭的收入完全相等时才会出现的一条直线，所以称它为绝对平均线。现实中的收入分配总是具有差异的，一定数量的低收入家庭或人口总是比同样数量高收入家庭或人口占有的国民收入少。所以实际的收入曲线总是在45°线以下出现。这条实际的收入分配曲线 L 就是洛伦兹曲线。洛伦兹曲线与绝对平均线的距离越近，说明居民收入分配越平均；反之洛伦兹曲线 L 与绝对平均线的距离越远，说明居民收入分配越不平均。

根据洛伦兹曲线的经济含义，定义曲线 L 与45°线之间所夹的面积为 S_A，相对应的另外一部分面积为 S_B，总面积为 S_{A+B}，则基尼系数定义为 $G = \frac{S_A}{S_{A+B}}$。基尼系数在区间［0，1］之间变动，基尼系数越小，收入分配越平均，反之收入差距则越大。

然而现实中使用洛伦兹曲线判定收入差距大小较为不便，并且当洛伦兹曲线相交时，则无法根据洛伦兹曲线的含义判断收入差距的大小。不少学者如陈昌兵（2007）、刘学良和田青（2009）、赵玉霞（2011）等针对基尼系数的计算方法进行了有益探讨，但综合来说，曲线拟合法和离散数据法的操作性和适用性更强。

3. 广义熵指数

在20世纪60年代，泰尔（H. Theil）运用信息理论提出了一个可以按加法分解的不平等系数，夏洛克斯（Shorrocks，1980）进一步推广后提出广义熵指数（Generalized Entropy index）。若收入分布为 n 维向量 $X=(x_1, x_2, \cdots, x_n)$，则 $\mu = \frac{1}{n}\sum_{j=1}^{n} x_j$，广义熵计算公式为：

$$GE(\alpha) = \begin{cases} \frac{1}{\alpha(a-1)} \frac{1}{n} \sum_{j=1}^{n} \left[\left(\frac{x_j}{\mu} \right)^{\alpha} - 1 \right], \alpha \neq 0, 1 \\ \frac{1}{n} \sum_{j=1}^{n} \ln \frac{\mu}{x_j}, \alpha = 0 \\ \frac{1}{n} \sum_{j=1}^{n} \frac{x_j}{\mu} \ln \frac{x_j}{\mu}, \alpha = 1 \end{cases} \quad (2-3)$$

式中，α 是一常数，代表厌恶不平等程度。α 值越小，代表厌恶不平等程度越高。

$\alpha=0$ 时，广义熵指数（$GE(0)$）又称泰尔第二指数（泰尔 - L 指数）；

$\alpha=1$ 时，广义熵指数（$GE(1)$）又称泰尔第一指数（泰尔 - T 指数）；

$\alpha=2$ 时，广义熵指数（$GE(2)$）等价于变异系数（CV）平方的一半，即 $\frac{1}{2}CV^2$。

广义熵指数最为常用的是 $\alpha=0$ 和 $\alpha=1$ 时的泰尔第二指数与泰尔第一指数，这两个指数最大的优点是可以从不同角度将人口或家庭分为不同的组进行分解分析。例如，将总体的收入差距按照不同区域或不同人群组进行分解，判断收入差距在多大程度上是由组内差距引起的，在多大程度上是由组间差距引起的。

三种收入差距的测度指标各有其优缺点，笔者综合考虑多种因素，选取国际上测度收入不平等中应用最为广泛的基尼系数，作为本书流动人口收入差距的测度指标，从而既能保证测度结果的可比性，又奠定了收入差距分解的基础。

第二节　收入差距分解理论

随着学者们对收入分配理论研究的日臻成熟，收入差距的分解技术也呈现百家争鸣、争芳斗艳的局面，依据不同的分类标准其分类结果也不同，如果按照分解是否需要以回归为基础，则收入差距分解技术可分为两大类：一类是不以回归为基础的分解技术，主要包括按要素分解和组群分解；另一类是基于回归的分解技术，主要包括基于夏普利值的回归分解和组群工资差异分解。接下来分别阐述第一类中的按要素分解、组群分解以及第二类中的基于夏普利值的回归分解、组群工资差异分解。

一、按要素分解

对收入不平等按要素分解是一种将总收入差距按照收入的构成要素进行“自然”分解的一种分解技术，源于20世纪60年代，经过国内外学者的深入研究和拓展，在收入差距分解方法中占有一席之地。若用 y_{ik} 表示第 i 个人获得第 k 种收入来源的收入，第 i 个人的总收入 y_i 可以表示为各收入组成部分的和，即：

$$y_i = \sum_k y_{ik},\ i = 1, 2, \cdots, N;\ y = (y_1, y_2, \cdots, y_N);\ y_k = (y_{1k}, y_{2k}, \cdots, y_{Nk}) \tag{2-4}$$

夏洛克斯（1982）提出将收入不平等指标 $I(y)$ 按要素分解时应该符合以下六条法则：

（1）$I(y)$ 是连续的并且对称的，当且仅当 $y=\mu e$ 时，$I(y)=0$，其中 $\mu=\bar{y}$，$e=(1, 1, \cdots, 1)$；

（2）$S_k(y_1, y_2, \cdots, y_k; k)$ 在 y_k 处是连续的，即 $S_k(y_1, y_2, \cdots, y_k; k) = S_{\pi k}(y_{\pi 1}, y_{\pi 2}, \cdots, y_{\pi k}; k)$；

（3）分解解集的独立性，即 $S_1(y_1, y_2, \cdots, y_k; k) = S_1(y_1, y-y_1; 2) = S(y_1, y)$；

（4）分解的一致性，即 $\sum_k S_k(y_1, \cdots, y_k; k) = \sum_k S(y_k, y) = I(y)$；

（5）总体对称性和同要素分布的规范性，即如果 P 表示任意一个 $n\times n$ 对称矩阵，则 $S(y_kP, yP)=S(y_k, y)$，并且所有 K 项收入来源的均值 μ_k 满足 $S(\mu_k e, y)=0$；

（6）两因素对称性，即对于所有的对称矩阵 P，满足 $S(y_1, y_1+y_1P) = S(y_1P, y_1+y_1P)$。

在满足以上六条分解法则的条件下，收入不平等按要素分解可以表示为：

$$S_k = \frac{\operatorname{cov}(y_k, y)}{\sigma^2(y)} \quad \text{s.t.} \sum_k S_k = 1 \tag{2-5}$$

若第 k 项要素（收入来源）对总收入差距的贡献 S_k 大于0，则表示该项收入对收入分配差距是差异递增的，该项收入在总收入中的比重增加会进一步加剧收入不平等；若第 k 项要素（收入来源）对总收入差距的贡献 S_k 小于 0，则表示该项收入对收入分配差距是差异递减的，该项收入在总收入中的比重增加会缓解收入不平等。

夏洛克斯（1982）还指出，如果各构成要素之间存在相关关系，并且没有对分解方法进行特殊处理，则会使得分解结果具有不唯一性，只有在充分的限制条件下，“自然”分解方法的分解结果才是唯一确定的。相比其他收入不平等指数，对基尼系数进行“自然”分解在学术界引发的争议最多，菲尔兹（Fields，1979）、皮亚特等（Pyatt et al.，1980）、莱尔曼和伊达沙基（Lerman & Yitzhaki，1985）、希尔伯（Silber，1989，1993）等都对此进行过深入探讨。

二、组群分解

组群分解的第一步是将总体按照某种属性分为不同的组群（如城乡、区域、性别等），然后将总体不平等分解为组间不平等和组内不平等，最后形成可加的分解框架。布吉尼翁（Bourguignon，1979）指出这种可以分解成组间差距和组内差距的收入不平等指标应该满足连续性、对称性、零阶齐次性、总体对称性和 Pigou – Dalton 转移性原则。

虽然组群分解起源于对基尼系数的分解，但是基尼系数本身并不具有可加可分解性，应用过程中受到一定的限制，夏洛克斯（1980）指出广义熵指数能够满足以上六个法则，并具有可加可分解性，所以对广义熵指数进行组群分解一度成为学者们研究城乡收入差距、区域收入差距、行业收入差距等现象的主要方法（Bourguignon，1979；Shorrocks，1984；王洪亮、徐翔，2006；王晓杰、王蒲生，2012；李娜等，2013 等）。默多克和斯库拉（Morduch & Sicular，2002）则指出按照人群分组主要存在以下缺点：首先，这种分解方法无法对一些连续变量的贡献作分解，而一些连续变量对收入差距的影响同样显得非常重要；其次，当需要进行多重分组时，分组数量将会呈几何级数上涨，则不利于处理；最后，按照人群分组可能存在分组变量与收入变量的内生自相关性，即当收入影响分组变量时，按人群分组方法可能无法处理。

三、基于夏普利值的回归分解

回归分解方法在 20 世纪 70 年代早期就受到学者们和政策制定者的关注，奥克萨克（Oaxaca，1973）和布林德（Blinder，1973）是应用回归分解方法进行收入差距问题研究的先驱，他们最早致力于工资差异的均值分解，尤恩等（Juhn et al.，1993）扩展了该分解方法，将两群体的差异从均值分解扩展到整个收入分布的分解，但是他们的分解始终是围绕着解释群体之间的收入差异，却无法解释各因素对收入差距的贡献。直到2000年以后，回归分解才破解了各影响因素对收入差距的贡献，其中菲尔兹和柳（Fields & Yoo，2000）、默多克和斯库拉（Morduch & Sicular，2002）的研究成果代表性较强，他们分别基于收入决定的半对数方程和直线方程，分解出了影响因素对收入差距的贡献程度。但是他们在分解时没有考虑常数项和残差项对收入差距的影响，并且对收入方程的形式和收入不平等指标都有特殊要求，适用性不强，而基于夏普利值的回归分解克服了上述缺陷，遵循自然分解的法则，适用于所有收入不平等指标的分解。接下来介绍基于夏普利值回归分解的基本原理。

（一）基本原理

首先，夏普利值是由夏普利（Shapley，1953）基于多人合作博弈提出的，假设博弈的参与人共同参与一个总产出的生产，每一个参与人按照其对总产出的贡献大小获得其相应的收益，从而体现公平分配的原则和合作收益。用数学语言表述为，假设 n 人的合作博弈中，$N=\{1, 2, \cdots, n\}$，N 的任意子集 S 称为合作策略，空集 $\varnothing$、全集 N、单点集 $\{i\}$ 等都是合作策略；$\nu(S)$ 是合作的特征函数，是指 S 和 $N-S=\{i, i\in N, i\notin S\}$ 的两人博弈中 S 的最大效应，因此，$\nu(i)$ 表示参与人 i 与其他人合作时的最大效用值，则 n 个人合作时第 j 个人的收益为唯一的夏普利值 $\phi_i(\nu)$：

$$\phi_i(\nu) = \sum_{s\in S_i} \frac{(n-|S|)!(|S|-1)!}{n!}(\nu(S)-\nu(S-i)) \qquad (2-6)$$

依据夏普利值的基本原理，某一变量对收入不平等的贡献可以理解为当剔除该变量后总的不平等发生的变化，即去掉该变量或者假定它在所有个体中作平均分配而引起的收入不平等程度的变化，反映了该变量对总的收入不平等的贡献，但在实践中，影响收入的因素可能较多，导致分解过程较为复杂，假设 $Y=f(X_1, X_2, \cdots, X_k)$ 为某样本的收入决定方程，通常 X_s 依样本的变化而变化。如果收入决定方程中的 X_k 用 $\bar{X}_k$ 代替，则 X_k 的影响为0，假定 Y_k 为剔除 X_k 所得的收入，则 Y_k 的差异是由除了 X_k 以外的变量共同引起的。因此，Y_k 的不平等指标 $I(Y_k)$ 是剔除了 X_k 后的 X_s 引起的。根据夏洛克斯（1999）最一般性的自然法则，X_k 对总不平等的贡献是 $C_k=I(Y)-I(Y_k)$，$k=1, 2, \cdots, K$。由于此时的 C_k 仅是替换一个自变量 X_k 的样本均值，因此称为 X_k 的第一轮效应。C_k 的第二轮效应则是将两个变量 X_k 和 X_j 替换为 $\bar{X}_k$ 和 $\bar{X}_j$，得到第二轮的收入 Y_{jK}，那么第二轮效应的贡献 $C_k=I(Y_j)-I(Y_{jk})$，$j, k=1, 2, \cdots, K(j\neq k)$。以此类推，第三轮效应的贡献 $C_k=I(Y_{ij})-I(Y_{ijk})$，$j, k, i=1, 2, \cdots, K(j\neq k\neq i)$，直到所有变量 X_s 都被它们的均值替代；最后求出所有轮效应贡献的平均值即为变量 k 对收入不平等的贡献。

（二）分解思路

假设收入的回归模型为 $Y=F(X, \mu)$，其中 Y 为被解释变量收入或原始收入的转换形式，X 为解释变量向量，μ 为随机扰动项。若模型中含有常数项 α，则收入决定方程可以写成：

$$Y=\alpha+\tilde{Y}+\mu \tag{2-7}$$

式（2-7）中，$\hat{Y}=\alpha+\tilde{Y}$ 为模型的确定部分，$\tilde{Y}$ 表示所有解释变量产生的收入，如果 $Y=F(X, \mu)$ 为线性形式，则 $\tilde{Y}=\sum\beta_iX_i=\sum Y_i$，$Y_i=\beta_iX_i$ 表示第 i 个变量产生的收入流。

将总的不平等指标表示为 $I(OI)$，$I(\cdot)$ 表示不平等的测度方法，OI 表示相应的原始收入变量，如果没有对原始收入变量进行转换，则 $OI=Y$，回归分解的目标即是将总的收入不平等 $I(OI)$ 分解为解释向量 X，常数项 α 和随机扰动项 μ 的影响。

根据夏洛克斯（1999）最一般性的自然法则，对收入不平等的测度方法和收入方程的形式都没有任何限制，使用基尼系数作为不平等的测度指标，假设目标收入变量 Y 未作形式转换，并为线性函数，则：

$$Y=OI=\alpha+\sum Y_i+u \tag{2-8}$$

按照默多克和斯库拉（2002）的思路，将基尼系数 G 应用到式（2-8）的两边，可以得出：

$$G(Y)=0+\sum E(Y_i)/E(Y)C(Y_i)+0 \tag{2-9}$$

式（2-9）中，$C(\cdot)$ 为集中度指标，由此可以看出常数项 α 和随机误差项 μ 对收入不平等的贡献都为 0，但是这个结果与现实不符。首先，尽管假设随机误差项 μ 为白噪声，不影响洛伦兹曲线的形状，但是它却影响收入分布的密度函数和不平等程度；其次，当方程中含有一个正的常数项时，收入不平等将下降，反之一个负的常数项则带来收入不平等的上升。因此，使用式（2-9）对收入不平等进行分解不合适。

为了解释未包括在收入方程中的变量或者残差项对收入不平等的贡献，我们同样遵循夏洛克斯（1999）的一般分解法则，将随机误差项 μ 从式（2-8）中剔除，从而可得：

$$Y(\mu=0)=\hat{Y} \tag{2-10}$$

将基尼系数应用到方程的两边，可得 $G(Y|\mu=0)=G(\hat{Y})$，则随机误差项 μ 总的不平等 $G(Y)$ 的贡献为：

$$CO_\mu=G(Y)-G(\hat{Y}) \tag{2-11}$$

接下来考虑常数项的贡献，因为 $G(Y)=G(\hat{Y})+CO_{\mu}$，并且 $\hat{Y}=\tilde{Y}+\alpha$，根据夏洛克斯（1999）的自然分解法则，则：

$$G(\hat{Y}\mid\alpha=0)=G(\tilde{Y})=\sum E(Y_i)/E(\hat{Y})C(Y_i)\text{，按照 }\hat{Y}\text{ 或 }\tilde{Y}\text{ 排序} \tag{2-12}$$

从而可得常数项 α 的贡献可以表示为：

$$CO_{\alpha}=G(\hat{Y})-G(\tilde{Y}) \tag{2-13}$$

因此，根据式（2-9）、式（2-11）和式（2-13）可以将总的收入不平等 $G(Y)$ 分解为残差项的贡献 CO_{μ}，向量 X 中各变量的贡献及常数项的贡献 CO_{α}，贡献的百分比分别为：

$$PC_{\mu}=100\lfloor G(Y)-G(\hat{Y})\rfloor/G(Y) \tag{2-14}$$

$$PC_{\alpha}=100\lfloor G(\hat{Y})-G(\tilde{Y})\rfloor/G(Y) \tag{2-15}$$

$$PC_{\tilde{Y}}=100G(\tilde{Y})/G(Y)=100/G(Y)\sum E(Y_i)/E(\hat{Y})C(Y_i)\text{，按照 }\hat{Y}\text{ 或 }\tilde{Y}\text{ 排序} \tag{2-16}$$

式中，$E(Y_i)/E(\hat{Y})C(Y_i)=CO_i$ 表示第 j 个变量的贡献。

四、组群工资差异分解

组群工资差异分解分为均值分解和分布分解，两者分别从均值和整个收入分布的角度对两组群的工资差异进行分解，下面分别对均值分解和分布分解进行简要梳理。

（一）均值分解

瓦哈卡（1973）突破了对男女工资差异一贯的描述统计，开创性地从数量上估计了美国对女性工资的平均歧视程度以及各因素对性别工资差异的影响，而大约同一时间，布林德（1973）也用类似的分解形式对两个群体的工资差异进行了分解，学术界将这种对两个组群的工资均值差异分解的方法称为 Oaxaca - Blinder 分解（简称为 O - B 分解）。假设劳动力市场两个工资收入组群分别为高收入群体 H 和低收入群体 L，他们的工资收入分别为 W_H 和 W_L，样本特征分别为 X_H 和 X_L，工资收入方程的回归系数分别为 β_H 和 β_L，则两群体的明瑟工资收入方程式分别为：

$$\ln W_H=X_H\beta_H+\mu_H \tag{2-17}$$

$$\ln W_L=X_L\beta_L+\mu_L \tag{2-18}$$

对明瑟工资收入方程运用最小二乘法（OLS）估计可得：

$$E(\mu_H)=0,\ E(\mu_L)=0 \tag{2-19}$$

因此两组群的工资收入差距为：

$$\ln W_H - \ln W_L = X_H\beta_H - X_L\beta_L \tag{2-20}$$

设工资歧视系数（Discrimination Coefficient）为 D：

$$D = \frac{\frac{W_H}{W_L} - \left(\frac{W_H}{W_L}\right)^0}{\left(\frac{W_H}{W_L}\right)^0} \tag{2-21}$$

式（2－21）中，$\left(\frac{W_H}{W_L}\right)^0$ 表示无歧视状态下的工资比，也称为反事实工资。

由此，工资差异均值分解存在两种情形：

第一种情形，以组群 H 的工资结构作为无歧视状态下的劳动力市场工资，则反事实状态下均衡工资比的对数可以表示为：

$$\ln\left(\frac{W_H}{W_L}\right)^0 = (X_H - X_L)\beta_H \tag{2-22}$$

那么式（2－20）可以分解为：

$$\ln W_H - \ln W_L = (X_H - X_L)\beta_H + X_L(\beta_H - \beta_L) \tag{2-23}$$

第二种情形，以组群 L 的工资结构作为无歧视状态下的劳动力市场工资，则反事实状态下均衡工资比的对数可以表示为：

$$\ln\left(\frac{W_H}{W_L}\right)^0 = (X_H - X_L)\beta_L \tag{2-24}$$

式（2－20）可以分解为：

$$\ln W_H - \ln W_L = (X_H - X_L)\beta_L + X_H(\beta_H - \beta_L) \tag{2-25}$$

式（2－23）和式（2－25）中的等号左边为组群 H 和组群 L 之间的工资总差异，等号右边第一项为组群 H 和组群 L 之间由于个体特征差异引起的收入差异，是模型中可解释的部分，称为特征效应；第二项为模型中不可解释部分，表示组群 H 和组群 L 之间由于工资结构不同引起的收入差异，称为系数效应，也称为歧视效应①。

观察式（2－23）和式（2－24）可以发现，由于选择不同的反事实工资结构，从而分解结果不同，这就是组群工资差异分解中常见的指数基准问题，除了指数基准问题之外，工资差异分解过程中还会遇到一些不可避免的计量问题，如样本选择问题和虚拟变量系数识别问题等，下面分别进行阐述。

1. 指数基准问题

指数基准问题是指在两个组群的工资差异分解时由于选择不同的组群工资结

---

① 确切地来讲，歧视效应只是不可解释部分的一小部分原因，其他如遗漏重要解释变量、变量的测量误差、变量的内生性问题等都包括在不可解释部分因素里。

构作为无歧视劳动力市场工资结构，从而导致分解结果不一致。瓦哈卡意识到了这一难题，但是没有找出一个合理的基准组群，而是提出分别用两个不同的组群作为无歧视工资状态下的工资结构，从而求出一个无歧视工资结构的区间范围。为此，很多学者围绕着寻找一个合理的无歧视工资结构进行了纵深的研究，从而相继出现了科顿（Cotton，1988）分解、纽曼克（Neumark，1988）分解、郭继强和陆利丽（2009）分解。

（1）科顿分解。较早对指数基准问题进行修正的是瑞莫尔斯（Reimers，1983），他通过对两个组群的工资结构进行加权平均，形成一个无歧视工资结构的数学式：

$$\beta^* = D\beta_H + (I - D)\beta_L \tag{2-26}$$

式（2－26）中，I 为单位阵，D 为一个任意对角矩阵，由于对角矩阵的任意性，所以该无歧视工资结构具有不唯一性，从而导致估计结果不稳健。虽然瑞莫尔斯在其经验研究中采用 $D = 0.5I$，但是为何取此值却没有给出有说服力的理由。

科顿（1988）认为无歧视工资结构为组群 H 和组群 L 工资结构的一个收敛值，歧视呈现直接歧视和反向歧视两种行为。从而，科顿分解的表达式可写成：

$$\ln W_H - \ln W_L = (X_H - X_L)\beta^* + X_H(\beta_H - \beta^*) + X_L(\beta^* - \beta_L) \tag{2-27}$$

式（2－27）等号右边第一项为特征效应，第二项与第三项之和为系数效应，其中第二项为组群 H 被偏袒所得的反向歧视，第三项为组群 L 被歧视而形成的直接歧视。

科顿认为无歧视工资结构应该满足以下假定：①在无歧视状态下，组群 H 应获得比现实收入较低的工资，组群 L 应获得比现实收入较高的工资；②无歧视工资结构应是现有工资结构的线性函数；③无歧视工资结构应该更接近于在劳动力市场中人数占比较高群体的工资结构。从而，科顿构建的无歧视工资结构表达式为：

$$\beta^* = f_H\beta_H + f_L\beta_L \tag{2-28}$$

式中，f_H、f_L 分别表示组群 H 和组群 L 的人数占劳动力总人数的比重，并且 $f_H + f_L = 1$，所以式（2－28）也可以写成：

$$\beta^* = f_H\beta_H + (1 - f_H)\beta_L \tag{2-29}$$

所以，与瑞莫尔斯（1983）分解相比，科顿所构建的无歧视工资结构更合理，是对 Oaxaca－Blinder 分解的一种改进，在工资差异分解领域得到一定的应用。但是由于其声称的分解结果正好处于 Oaxaca－Blinder 分解中分别以组群 H 和组群 L 作为指数基准所得结果的上下限范围之间，而这个界限范围并不为人所接受，所以科顿分解方法在广泛应用的同时受到不少质疑。

（2）纽曼克分解。纽曼克针对 Oaxaca－Blinder 分解中的指数基准问题也提出了改进方法，认为歧视行为理论是构建无歧视工资结构的坚实理论基础，两者有一种密不可分的关联，从而在阿罗什（1972）和贝克尔（Becker，1957）雇主歧视模型的基础上拓展模型，推导出纽曼克分解等式：

$$\ln W_H - \ln W_L = (X_H - X_L)\beta_N^* + X_H(\beta_H - \beta_N^*) + X_L(\beta_N^* - \beta_L) \tag{2-30}$$

式中，β_N^* 为无歧视工资结构：

$$\beta_N^* = (X'\Omega X)^{-1}(X'\Omega\Lambda) = (X'X)^{-1}X'Y \tag{2-31}$$

式（2－31）中，X 为全部样本的可观测特征矩阵。

瓦哈卡和兰塞姆（1994）经过对式（2－31）简单变形，转换成两个组群 H 和 L 回归系数向量的加权形式：

$$\beta_N^* = \Omega_N\beta_N + (1 - \Omega_N)\beta_L \tag{2-32}$$

式（2－32）中的纽曼克分解无歧视工资结构（β_N^*）与科顿分解的无歧视工资结构（β_C^*）相比，同中有异。相同之处在于两者都是子群组工资结构系数的加权平均，但是两者之间的差异性更显著。这种差异性主要体现在以下三个方面：第一，构建基础的差异，β_C^* 的构建依据经验分析的假定条件，理论基础薄弱，β_N^* 的构建依据无歧视行为理论，理论基础扎实；第二，权数的含义不同，β_C^* 的权数是子组群人数占总劳动力人数的比重，是一种简单的线性加权，而 β_N^* 的权数是根据全部样本的特性进行矩阵加权，涵盖了更宽广的样本特征信息；第三，估计结果不同，科顿分解的歧视大小为 $X_H(\beta_H - \beta_*) + X_L(\beta^* - \beta_L)$，数值介于 Oaxaca－Blinder 分解所界定的上下限范围之内，而纽曼克分解的歧视大小为 $[X_H(X'X)^{-1}X'_LX_L + X_L(X'X)^{-1}X'_HX_H](\beta_H - \beta_L)$，依据现有理论无法确定该数值是否落在 Oaxaca－Blinder 分解所界定的上下限范围之内。

因此，纽曼克分解是对科顿分解的进一步改进，分解方法更加完善，以至于纽曼克分解一度被学者广泛应用（Oaxaca & Ransom，1994；Neuman & Oaxaca，2004；Appleton et al.，1999；葛玉好，2007）。但是纽曼克分解要满足的两个基本假定：第一，在雇主歧视行为的效用函数中，每个组群的各种劳动技能投入是零阶齐性的；第二，同一劳动技能的劳动者，其个体特征是固定的，消除歧视不会影响劳动者的工资变动。而这两项假定在经验分析中很难满足，导致估计结果存在一定的偏误。另外，既然将劳动力市场分为组群 H 和组群 L 两个不同群体，就相当于承认两者的工资结构存在差异，但是构建无歧视工资结构时却没有将不同组群加以控制，直接用全样本回归系数构建无歧视工资结构，就会存在系统性偏差，与真实的无歧视工资结构存在差异。这为工资差异分解中的指数基准问题提供了一个新的切入点。

（3）郭继强和陆利丽（2009）分解。郭继强和陆利丽（2009）在纽曼克分解的思路下，在收入方程中控制了不同群组因素，旨在运用全部样本信息，构建更加趋于真实的无歧视工资结构，其收入方程的表达式为：

$$\ln W=\beta_0+\delta G+X\beta+\mu \tag{2-33}$$

式中，β_0 为常数项；G 为组群虚拟变量，当样本为组群 H 时，$G=1$；当样本为组群 L 时，$G=0$；β 为其他影响工资收入的系数向量矩阵。

根据有效歧视理论的多数原则，无歧视工资结构更加偏向于在劳动力市场上占多数的组群，则改进的工资歧视结构可以表达成为：

$$\beta^*=\begin{bmatrix}\beta_0+f_H\delta\\ \beta\end{bmatrix} \tag{2-34}$$

那么郭继强和陆利丽分解等式可以写成：

$$\ln W_H-\ln W_L=(X_H-X_L)\beta^*+X_H(\beta_H-\beta^*)+X_L(\beta^*-\beta_L) \tag{2-35}$$

该分解方法具有以下两个特征：

①无歧视工资结构 $\beta^*=\begin{bmatrix}\beta_0+f_H\delta\\ \beta\end{bmatrix}$ 中的常数项对工资均值差异分解中的总歧视大小的客观性没有影响。

若 $X_H=\begin{bmatrix}1\\ X_{1H}\end{bmatrix}$，$X_L=\begin{bmatrix}1\\ X_{1L}\end{bmatrix}$，则：

$$\ln W_H=\hat{\beta}_{0H}+X'_{1H}\hat{\beta}_{1H}=\begin{bmatrix}1\\ X_{1H}\end{bmatrix}'\begin{bmatrix}\hat{\beta}_{0H}\\ \hat{\beta}_{1H}\end{bmatrix} \tag{2-36}$$

$$\ln W_L=\hat{\beta}_{0L}+X'_{1L}\hat{\beta}_{1L}=\begin{bmatrix}1\\ X_{1L}\end{bmatrix}'\begin{bmatrix}\hat{\beta}_{0L}\\ \hat{\beta}_{1L}\end{bmatrix} \tag{2-37}$$

这样两组群的工资差异分解可以表示为：

$$\begin{aligned}
\ln W_H-\ln W_l &=\begin{bmatrix}1\\ X_{1H}\end{bmatrix}'\begin{bmatrix}\hat{\beta}_{0H}\\ \hat{\beta}_{1H}\end{bmatrix}-\begin{bmatrix}1\\ X_{1L}\end{bmatrix}'\begin{bmatrix}\hat{\beta}_{0L}\\ \hat{\beta}_{1L}\end{bmatrix}\\
&=\left\{\begin{bmatrix}1\\ X_{1H}\end{bmatrix}'-\begin{bmatrix}1\\ X_{1H}\end{bmatrix}'\right\}\begin{bmatrix}\hat{\beta}_0+f'_H\hat{\delta}\\ \hat{\beta}_1\end{bmatrix}+\begin{bmatrix}1\\ X_{1H}\end{bmatrix}'\left\{\begin{bmatrix}\hat{\beta}_{0H}\\ \hat{\beta}_{1H}\end{bmatrix}-\begin{bmatrix}\hat{\beta}_0+f'_H\hat{\delta}\\ \hat{\beta}_1\end{bmatrix}\right\}\\
&\quad+\begin{bmatrix}1\\ X_{1L}\end{bmatrix}'\left\{\begin{bmatrix}\hat{\beta}_0+f'_H\hat{\delta}\\ \hat{\beta}_1\end{bmatrix}-\begin{bmatrix}\hat{\beta}_{0L}\\ \hat{\beta}_{1L}\end{bmatrix}\right\}\\
&=\begin{bmatrix}0\\ X_{1H}-X_{1L}\end{bmatrix}'\begin{bmatrix}\hat{\beta}_0+f'_H\hat{\delta}\\ \hat{\beta}_1\end{bmatrix}+\begin{bmatrix}1\\ X_{1H}\end{bmatrix}'\begin{bmatrix}\hat{\beta}_{0H}-\hat{\beta}_0-f'_H\hat{\delta}\\ \hat{\beta}_{1H}-\hat{\beta}_1\end{bmatrix}\\
&\quad+\begin{bmatrix}1\\ X_{1L}\end{bmatrix}'\begin{bmatrix}\hat{\beta}_0+f'_H\hat{\delta}-\hat{\beta}_{0L}\\ \hat{\beta}_1-\hat{\beta}_{1L}\end{bmatrix}\\
&=(X'_{1H}-X'_{1L})\hat{\beta}_1+(\hat{\beta}_{0H}-\hat{\beta}_{0L})+X'_{1H}(\hat{\beta}_{1H}-\hat{\beta}_1)+X'_{1L}(\hat{\beta}_1-\hat{\beta}_{1L})
\end{aligned} \tag{2-38}$$

式（2－38）等式右边第一项 $(X'_{1H}-X'_{1L})\hat{\beta}_1$ 为个体特征效应引起的工资差异，其余部分为歧视，由此可以看出，工资差异分解等式中不含有 f_H，所以无歧视工资结构中的常数项对工资差异分解并无影响，在分解时可以不考虑常数项对工资差异分解的影响大小。但是这并不能说常数项对歧视部分没有影响，常数项会通过影响组群 H 和组群 L 的回归系数而影响歧视的构成。因系数效应即歧视的大小在式（2－38）可以写成 $\begin{bmatrix}1\\X_{1H}\end{bmatrix}'\begin{bmatrix}\hat{\beta}_{0H}-\hat{\beta}_0-f'_H\hat{\delta}\\\hat{\beta}_{1H}-\hat{\beta}_1\end{bmatrix}+\begin{bmatrix}1\\X_{1L}\end{bmatrix}'\begin{bmatrix}\hat{\beta}_0+f'_H\hat{\delta}-\hat{\beta}_{0L}\\\hat{\beta}_1-\hat{\beta}_{1L}\end{bmatrix}\begin{bmatrix}1\\X_{1H}\end{bmatrix}'\begin{bmatrix}\hat{\beta}_{0H}-\hat{\beta}_0-f'_H\hat{\delta}\\\hat{\beta}_{1H}-\hat{\beta}_1\end{bmatrix}$ 为对 H 组群的反向歧视，$\begin{bmatrix}1\\X_{1L}\end{bmatrix}'\begin{bmatrix}\hat{\beta}_0+f'_H\hat{\delta}-\hat{\beta}_{0L}\\\hat{\beta}_1-\hat{\beta}_{1L}\end{bmatrix}$ 为对 L 组群的正向歧视。

②$\beta^*=\begin{bmatrix}\beta_0+f_H\delta\\\beta\end{bmatrix}$ 是组群 H 和组群 L 工资结构系数的加权平均，其是否处于两个组群的工资结构系数所包括的范围之内，以及估计得出的总歧视大小是否介于 Oaxaca－Blinder 分解所界定的上下限范围之内，这要由样本本身的特征来决定的。

2. 样本选择问题

赫克曼（Heckman，1979）讨论了当劳动力市场进入概率与某个影响劳动者工资的因素相关时，OLS 估计量将不再是一致估计量，这样实验样本便不满足随机抽样的假定而产生估计偏误，即为样本选择问题或者选择性偏差问题。该问题在前面的章节已作深入探讨，本节重点探讨在不同组群收入差异分解时，如何处理选择性偏差的纠正项。

纽曼和瓦哈卡（2004）在 Oaxaca－Blinder 分解的基础上，暂且不考虑指数基准问题，重点关注选择偏差纠正项的归因问题，重新构建了组群工资均值差异分解等式如下：

$$\ln W_H-\ln W_L=X_L(\beta_H-\beta_L)+(X_H-X_L)\beta_H+(\theta_H\lambda_H-\theta_L\lambda_L)\qquad(2-39)$$

式中，$\theta_H\lambda_H-\theta_L\lambda_L$ 为由于样本选择偏误造成的工资收入差异部分，λ 为逆米尔斯比率，θ 为选择性偏差纠正项的系数。

不少学者围绕着如何处理 $\theta_H\lambda_H-\theta_L\lambda_L$ 进行了探讨，邓肯和利（1980）、瑞莫尔斯（1983）通过数学等式移项，将 $\theta_H\lambda_H-\theta_L\lambda_L$ 移到等式的左边，从而回避了 $\theta_H\lambda_H-\theta_L\lambda_L$ 归入个体特征效应还是系数效应的问题，得出分解等式如下：

$$\ln W_H-\ln W_L-(\theta_H\lambda_H-\theta_L\lambda_L)=X_L(\beta_H-\beta_L)+(X_H-X_L)\beta_H\qquad(2-40)$$

但是纽曼和瓦哈卡（2004）指出，式（2－40）的组群工资差异分解的等式左边并不是实际观测的工资均值差异，而是应将纠正项产生的差异部分纳入分解范围，这样实际观测到的组群工资均值差异就可分解为系数效应、特征效应和个人选择三部分，基本形式根据 $\theta_H\lambda_H-\theta_L\lambda_L$ 的归并不同有四种：

第一种形式：

$$\ln W_H-\ln W_L=X_L(\beta_H-\beta_L)+(X_H-X_L)\beta_H+(\theta_H\lambda_H-\theta_L\lambda_L) \tag{2-41}$$

第二种形式：

$$\ln W_H-\ln W_L=[X_L(\beta_H-\beta_L)+\theta_H(\lambda_L^0-\lambda_L)] + [(X_H-X_L)\beta_H+\theta_H(\lambda_H-\lambda_L^0)]+[(\theta_H-\theta_L)\lambda_L] \tag{2-42}$$

式中，$\lambda_L^0=\sum_{i=1}^{N_L}\frac{\lambda_{iL}^0}{N_L}$，$\lambda_{iL}^0=\frac{\phi(H_{iL}\gamma_H)}{\Phi(H_{iL}\gamma_H)}$。

第三种形式：

$$\ln W_H-\ln W_L=[X_L(\beta_H-\beta_L)+\theta_H(\lambda_L^0-\lambda_L)] + [(X_H-X_L)\beta_H+\theta_H(\lambda_H-\lambda_L^0)+(\rho_H-\rho_L)\sigma_{\mu L}]+\rho_H(\sigma_{\mu H}-\sigma_{\mu L}) \tag{2-43}$$

第四种形式：

$$\ln W_H-\ln W_L=[X_L(\beta_H-\beta_L)+\theta_H(\lambda_L^0-\lambda_L)+(\theta_H-\theta_L)\lambda_L] + [(X_H-X_L)\beta_H+\theta_H(\lambda_H-\lambda_L^0)] \tag{2-44}$$

以上四种形式各有其自身的假设和价值，很难判断孰优孰劣。但是这四种分解形式都没有考虑工资差异分解中最著名的指数基准问题，所以有避重就轻的嫌疑，其进一步改进的空间还很大。

3. 虚拟变量系数识别问题

在建立明瑟收入决定模型时，不可避免地会纳入一些分类变量，分类变量在模型中以虚拟变量的形式体现，虽然虚拟变量的参照组选择不影响工资收入方程的正确估计，并且在计算组群工资均值差异分解的特征总效应和系数总效应时不影响估计结果，但是如果涉及计算单个虚拟变量的特征效应和系数效应时，虚拟变量的参照组选择不同就会得到不一致的分解结果，从而造成分解结果的不稳定性，这就是工资收入分解的虚拟变量系数识别问题。

虚拟变量系数识别问题是组群工资分解和研究歧视问题的“软肋”之一，传统的理论方法可以通过分别取不同的参照组进行回归，然后将不同的回归分解结果求均值，取得平均效应，但是这种方法计算繁琐，需进行多次回归，并不是万全之策。对于该问题，负（Yun，2005）基于标准化的回归方程，提出一种只需做一次回归就能解决虚拟变量系数和常数项识别问题的分解形式。为了方便介绍该方法，假设方程中只包含分类变量，并假定分类变量分为三类，这样虚拟变量的个数取两个，以第一类为参照组，变量分别用 D_{2g}、D_{3g} 表示，从而明瑟工资收入方程经过 OLS 回归结果为：

$$\ln W_g=\alpha_g+\beta_{2g}D_{2g}+\beta_{3g}D_{3g} \tag{2-45}$$

式中，β_{2g}、β_{3g}分别为第二类和第三类的回归系数，第一类为参照组，$\beta_{1g}=0$。

为了解决参照组选择造成的偏误，取其平均效应，式（2－45）可以写成如下标准化的回归方程：

$$\ln W_g=\alpha_g+\beta_g+(\beta_{2g}-\beta_g)D_{2g}+(\beta_{3g}-\beta_g)D_{3g} \tag{2-46}$$

式中，$\beta_g=(\beta_{1g}+\beta_{2g}+\beta_{3g})/3$。

根据式（2－46）的回归结果进行 Oaxaca－Blinder 分解（以组群 L 为基准组）：

$$\begin{aligned}\ln W_H-\ln W_L=&[(\alpha_H+\beta_H)-(\alpha_L+\beta_L)]\\&+\{[(\beta_{2H}-\beta_H)-(\beta_{2L}-\beta_L)]D_{2H}+[(\beta_{3H}-\beta_H)-(\beta_{3L}-\beta_L)]D_{3H}\}\\&+[(D_{2H}-D_{2L})(\beta_{2L}-\beta_L)+(D_{3H}-D_{3L})(\beta_{3L}-\beta_L)]\end{aligned} \tag{2-47}$$

式（2－47）中，第一项为常数项效应，第二项为分类变量的系数效应，第三项为个体特征效应。并且经验证明，如果取第二类和第三类为分类变量，分解结果不变，但是由于其分解等式只限于分类变量的研究，对于连续变量分解时出现的指数基准问题和样本选择问题没有考虑，故其应用受到一定的限制。该分解等式的另一个缺陷在于由此计算的总差异并不等于常数项效应、系数效应和个体特征效应三者之和，从而其分解结果无法解释，因此，基于虚拟变量识别问题的均值分解仍需进一步改进。

（二）分布分解

虽然工资差异的均值分解将特征差异和系数差异（歧视）从两个组群的均值差异中分解出来，但是均值差异分解只考察均值点的特征，而真实的劳动力市场中工资分布形态的考察更接近现实，工资差异的分布分解便是对劳动力市场工资分布差异的详细考察。

学者对工资差异分布分解的研究主要基于以下三种不同的形式：第一种形式是基于经典线性回归的分布分解。尤恩等（1993）提出的 JMP1993 分解是工资差异分解由均值分解向分布分解过渡的突破，但是由于 JMP1993 分解的估计方法仍然采用 OLS 估计，并且据此分解出的个人特征数量变化效应、个人特征价格变化效应和不可观测技能变化效应三者之和并不等于总差异；弗丁和列米欧（Fortin & Lemieux，1998）提出的 FL1998 分解基于排位回归技术，构造综合技能指数，分析组群间工资分布变动的特征，但是其限制条件较多，应用范围不够广泛。

第二种形式是基于半参模型的分布分解，如迪纳多等（1996）提出的 DFL 分解和列米欧（2002）提出的 Lemieux 分解。DFL 分解采用加权核密度估计，基于重置权重函数构造反事实工资分布，从而实现两个不同时期工资密度变化的分解；Lemieux 分解通过将样本个体特征向量划分为若干个单元，继而重置权重构造反事实工资函数，将不同时期的个体工资变动或同一时期不同组群的工资差异分解为特征分布变动效应、特征回报变动效应和残差变动效应。

第三种形式是基于条件分位数回归的分布分解。分位数回归（Quantile Regression）最早由肯克和巴塞特（Koenker & Bassett）于 1978 年提出，由于其侧重于考量各协变量对各个不同条件分位点上因变量的影响程度，所以一般称其为条件分位数回归。条件分位数回归虽然能细致全面地对任何一个分位点进行估计，但是不能刻画出协变量的分布变动对因变量分布变动的边际效应，导致无法直接应用条件分位数回归模型分解出各个协变量对因变量的影响程度，因而如何运用条件分位数回归模型转化为无条件分位数回归模型，进而构建出无条件的反事实工资分布，成为学者研究的一项重要课题。马查多和马塔（Machado & Mata，2005）较早基于条件分位数回归模型，运用概率积分转换定理估计出工资边际密度函数，再通过随机替换，得出无条件反事实工资分布，从而对组群工资差异进行分解。MM2005 分解一度成为分布分解的主要工具，为工资差异的分布分解奠定了一个统一的框架和基础平台。但是其仍有很多深入研究和进一步拓展的空间，梅利（Melly，2005）遵循 MM2005 分解的思路，对 MM2005 分解中残留的不同分位回归线交叉问题予以解决，同时对残差不平等的反事实度量进行了估计，并且梅利（2006）进一步指出 MM2005 分解所使用的概率积分转化方法并不能保证估计出的条件分位回归函数与总体分位回归函数具有一致性。基于此，笔者运用梅利（2005）提出的更加完善的分位数分解方法，对同一时期不同组群的工资收入差异进行分位分解。

梅利（2005）分布分解方法主要分两个步骤实现：

第一步，估计条件分位回归方程。将随机变量 Y 的概率分布函数定义为：

$$F(Y) = \text{Prob}(Y \leqslant y) \tag{2-48}$$

Y 的 τ 分位数定义为满足 $F(Y) \geqslant \tau$ 的最小 y 值：

$$q(\tau) = \inf\{y: F(Y) \geqslant \tau\},\ 0 < \tau < 1 \tag{2-49}$$

令 $\{y_i, x_i\}_{i=1}^{N}$ 为组群中的独立样本，x_i 是 $K \times 1$ 维特征向量，假设：

$$F_{y|x}^{-1}(\tau \mid x_i) = x_i\beta(\tau),\ \forall \tau \in (0, 1) \tag{2-50}$$

式（2-50）中，$F_{y|x}^{-1}(\tau \mid x_i)$ 为 y 在 x_i 处的第 τ 分位点的条件分位数，并假设 y 与 x 是线性关系，但是若模型中存在虚拟变量、多项式或交叉项时则不受此限制。

回归系数 $\beta(\tau)$ 可通过求解最小化目标函数估计得到：

$$\hat{\beta}(\tau) = \arg\min_{b \in R^k} \frac{1}{N}\sum_{i=1}^{N}(y_i - x_i b)(\tau - 1(y_i \leqslant x_i b)) \tag{2-51}$$

式（2-51）中，$1(\cdot)$ 是指数函数，可分别估计出每个 τ 的 $\beta(\tau)$。由此，我们可以估计出无限个分位数回归方程，斯蒂芬波瓦努特（1991）指出由此估计出的分位数回归的个数达到 $O(N\log(N))$。令 $\tau_0 = 0$，$\tau_1 = 1$，…，$\tau_J = 1$，$\hat{\beta}(\tau_j)$

在 $j=1, 2, \cdots, J$ 时由 τ_{j-1} 到 τ_j，则所有的分位数回归系数向量为：

$$\hat{\beta}=(\hat{\beta}(\tau_1), \cdots, \hat{\beta}(\tau_j), \cdots, \hat{\beta}(\tau_J)) \tag{2-52}$$

为了估计出 y 的无条件分位数回归数值，需要在回归分布的所有范围内对条件分布求积分，但是分位数回归的非单调性，即若 $\tau_j \leqslant \tau_k$，不能推导出 $x_j\hat{\beta}(\tau_j) \leqslant x_k\hat{\beta}(\tau_k)$，为了解决这个问题，考虑接下来的 q_0，在 y 的第 θ 分位点：

$$\begin{aligned} q_0 &= F_Y^{-1}(\theta) \Leftrightarrow \int 1(y \leqslant q_0)\,\mathrm{d}F_Y(y) = \theta \\ &\Leftrightarrow \int \left(\int 1(y \leqslant q_0) f_{Y|X}(y|x)\,\mathrm{d}y \right) \mathrm{d}F_x(x) = \theta \\ &\Leftrightarrow \int \left(\int_0^1 1(F_{Y|X}^{-1}(\tau|x) \leqslant q_0)\,\mathrm{d}\tau \right) \mathrm{d}F_X = \theta \end{aligned} \tag{2-53}$$

式中，最后一个等式通过改变积分变量得到。然后将 $F_{Y|X}^{-1}(\tau_j|x_i)$ 替换成连续形式 $x_i\hat{\beta}(\tau_j)$，这样 q_0 就可以写成以下形式：

$$\hat{q}(\hat{\beta}, x) = \inf\left\{q: \frac{1}{N}\sum_{i=1}^{N}\sum_{j=1}^{J}(\tau_j-\tau_{j-1})1(x_i\hat{\beta}(\tau_j) \leqslant q) \geqslant \theta\right\} \tag{2-54}$$

在分位数回归的普通限制条件下，可以证明 $\hat{q}$ 是 q_0 的连续渐进估计量，鉴于很难估计出渐进方差，采用 Bootstrap 方法进行统计推断。

第二步，差异的分布分解。

工资差异分布分解的重点是估计出反事实的工资收入，然后对差异进行分解。梅利（2005）分解采取与 JMP1993 分解相同的框架，将中位数看作分布集中趋势的测量指标，从而可写出一个简洁的工资收入方程如下：

$$y_i' = x_i'\beta'(0.5) + \mu_i' \tag{2-55}$$

式（2-55）中，$\beta'(0.5)$ 为中位数回归的系数向量。这样可以分解出工资差异的特征变量，中位数系数和残差的变化效应，那么在 θ 分位点如果组群 L 拥有与组群 H 相同的特征，所获得的反事实收入可以表示为：

$$\hat{q}(\hat{\beta}^0, x^1) = \inf\left\{q: \frac{1}{N}\sum_{i=1}^{N}\sum_{j=1}^{J}(\tau_j-\tau_{j-1})1(x_i^1\hat{\beta}^0(\tau_j) \leqslant q) \geqslant \theta\right\} \tag{2-56}$$

这样，$\hat{q}(\hat{\beta}^0, x^1)$ 和 $\hat{q}(\hat{\beta}^0, x^0)$ 之间的差异可被解释为特征变化引起的差异。因为该分解方法的特征变量影响工资收入的整体条件分布，所以其约束条件比 JMP1993 分解宽松。

严格地说，系数效应（歧视）只是分解结果中不可解释部分的一个子集，不可解释部分既包括不同组群中由于劳动力价格不同产生的劳动力价格系数，即系数效应或歧视，也包括遗漏的某些重要的解释变量对小时工工资收入的影响，所以从不可解释部分分离出系数效应（歧视）是分位数分解的关键之一。为了分离出残差效应中的系数效应，定义协变量 x 的条件分布残差在 τ 分位点的估计式为 $x(\hat{\beta}(\tau)-\hat{\beta}(0.5))$，定义 $J\times 1$ 维 $\hat{\beta}^{1,r0}$ 在 j 分位点的系数为 $\hat{\beta}^{1,r0}(\tau_j)=$

$(\hat{\beta}^1(0.5)+\hat{\beta}^0(\tau_j)-\hat{\beta}^0(0.5))$，这样 $\hat{q}(\hat{\beta}^{1,r0},\ x^1)$ 和 $\hat{q}(\hat{\beta}^0,\ x^1)$ 之间的差异即为当残差和特征变量固定时系数变化的效应；$\hat{q}(\hat{\beta}^1,\ x^1)$ 和 $\hat{q}(\hat{\beta}^{1,r0},\ x^1)$ 之间的差异为残差效应。

梅利（2005）分解的最终形式为：

$$\begin{aligned}\hat{q}(\hat{\beta}^1,\ x^1)-\hat{q}(\hat{\beta}^0,\ x^0)=&(\hat{q}(\hat{\beta}^0,\ x^1)-\hat{q}(\hat{\beta}^0,\ x^0))\\&+(\hat{q}(\hat{\beta}^1,\ x^1)-\hat{q}(\hat{\beta}^{1,r0},\ x^1))\\&+(\hat{q}(\hat{\beta}^{1,r0},\ x^1)-\hat{q}(\hat{\beta}^0,\ x^1))\end{aligned}\tag{2-57}$$

式（2－57）中的第一项为变量效应；第二项为当特征变量和残差保持不变，由于不同组群的工资结构差异产生的特征回报效应，即系数效应；第三项为残差效应。

本书重点探索流动人口收入差距的成因及不同就业身份的流动人口性别收入差异，所用的分解方法主要是基于回归的分解方法：基于夏普利值的回归分解和组群工资差异分解，并努力克服分解技术的缺陷，希冀得出较为可靠的结论。

第三节　收入差距影响主观幸福感的作用机理

收入差距对主观幸福感的作用机制分为直接效应和间接效应两种机理。直接效应是指收入不平等的变化对主观幸福感带来的直接影响；间接效应是由于收入不平等产生的一系列社会问题，这些问题间接地使得人们的主观幸福感发生变化。

一、直接效应

收入差距对主观幸福感作用机理的直接效应主要基于纯粹的不平等厌恶、相对剥夺理论、隧道效应三种理论。

（一）纯粹的不平等厌恶

人们长期以来一直受“不患寡，而患不均”思想的影响，对不平等存在着强烈的厌恶。亚当·斯密在其著作《道德情操论》中指出，追求公平正义感、憎恨社会不平等是人们的基本情感。实验经济学家和行为经济学家将这一情感称为“不平等厌恶”（Iequality Aversion），这种不平等厌恶在劳资关系中就表现为对薪酬不平等的抵制，假如个体在这种不平等关系中处于劣势，由此带来的厌恶感将大于个体处于优势状态，因此这种不平等厌恶也被称为“非对称的不平等厌恶”（Fehr & Schmidt，1999；Bolton & Ockenfels，2000），它会使人们产生消极情绪和抑郁心理，降低生活满意度，幸福感也随之降低。

（二）相对剥夺理论

史陶佛等（1949）最早提出了“相对剥夺”一词，即一个人与他人比较时产生的失落感，但是他们却没有对相对剥夺给出明确的定义。朗西曼（Runciman，1966）详细描述并明确定义了相对剥夺（Relative Deprivation），一个人感受到相对剥夺，需同时满足以下四个条件：（1）他没有收入；（2）其他人在过去或者可预见的将来可以得到收入；（3）他想得到收入；（4）他认为他应该得到收入。自此，社会科学领域掀起了对相对剥夺理论的研究，主要基于两个层面：一是相对剥夺的测度；二是相对剥夺感所带来的负面产出。在相对剥夺的测度方面，施罗莫（1979）最早提出了相对剥夺的测度模型，把收入引入模型中作为相对剥夺测度的主要变量，他认为个体的被剥夺感产生于该个体发现他人的收入水平高于自己，数值度量指标为个体收入与他人收入的差距，相对剥夺的大小即可表示为差距的总和除以个体的总数，伊达沙基（Yitzhaki）通过证明发现所有个体相对剥夺大小的平均数即为通常所说的基尼系数。相对剥夺所带来的负面产出主要包括社会冲突和犯罪，对外来人员、移民等群体外人员的偏见，催生腐败、酗酒等不良行为，产生沮丧悲观心理、生活满意度降低等（Podder，1996；Chakravarty & Mukherjee，1999；Eibner & Evans，2005；Bárcena - Martín et al.，2007；Silber & Verme，2010）。当人们意识到收入差距的存在并可能进一步扩大时，相对剥夺感会更加强烈，生活满意度降低，同时影响到人们的主观幸福感。

（三）收入流动性感知或隧道效应

收入不平等在有些时候可以成为一种积极的因素，尤其是对于收入流动性较高的国家，例如美国，穷人将收入差距看作充满希望的阶梯，激励他们努力工作，争取获得较高收入，跻身于上流社会，从而收入差距对幸福感有显著的正向促进作用，而在收入流动性较低的欧洲国家，收入不平等对幸福感却是负向影响。赫希曼和罗斯柴尔德（1973）将这种现象形象地称为“隧道效应”（Tunnel Effect），他们使用隧道中堵车作类比，当两队单行车道的车同时被堵在隧道中时，如果司机发现旁边车道的车辆开始缓缓移动，即使自己车道的车辆还纹丝不动，他会预想到前方路况有所好转，自己车道的车辆也将在可预见的时间内向前移动，产生愉悦的心理；但是如果司机看到旁边车道的车辆移动的同时，自己的车道却纹丝不动而导致更加烦躁的心理，将会产生负面的效应。从而前者被称为“正向隧道效应”，后者被称为“负向隧道效应”。学者们将这种现象用来解释收入差距对幸福感的影响，即当人们预期到他人的经济状况比自己好时，也会预期自己未来的经济状况更好，他们对未来抱着一种积极的态度，有较乐观的生活预期，幸福感油然而生；但当人们发现自己没有分享到好的经济成果，感觉自己被抛弃在群体之外，未达到原来的预期，乐观的心理就不复存在，萌生消极、抑郁、烦躁的不满情绪，甚至可能引发社会动荡，降低了人们的幸福感。

二、间接效应

资产阶级古典政治经济学家亚当·斯密指出：一个社会如果不对社会贫富差距加以必要的引导，导致严重的社会不平等，那么“富人的阔绰，会激怒贫者，贫者的匮乏和嫉妒，会驱使他们侵害富人的财产，从而走上犯罪的道路”。威尔金森和皮克特（Wilkinson & Pickett，2010）在其著作《不平等的痛苦：收入差距如何导致社会问题》中指出，人们很容易受到社会不平等状况的影响，这是人类的共同心理特性，人们一旦感受到严重的社会不平等，就会产生心理焦虑和不安全感，这种心理对幸福感造成不利影响，而社会不平等的一个重要维度是收入不平等，因此社会不平等影响幸福感的机理即为收入不平等影响幸福感的机理。同样，收入差距影响主观幸福感的间接效应也遵循这一路径。收入不平等所带来的一系列问题，如违法犯罪、心理疾病、社会信任危机等，这些问题又对人们的主观幸福感产生一定的负面影响。学者们通过对收入不平等与违法犯罪活动的关系进行了经验研究，发现收入不平等促使了社会犯罪、不安定因素的大量增加（胡联合，2005；白雪梅、王少瑾；2007；陈春良、易君健，2009）。心理学家索伦森和戈尔丁（Sorenson & Golding，1990）、诺里斯和凯纳斯特（Norris & Kaniasty，1992）、迈克尔斯和宗博（Michalos & Zumbo，2000）等从心理学角度研究发现社会犯罪活动给人们带来一定的恐惧、抑郁、烦躁、压力等悲观心理，从而降低生活满意度水平，对主观幸福感具有很大的负面影响。因此，收入不平等可能通过社会犯罪、信任危机、心理疾病等一系列社会问题，间接降低人们的生活满意度和主观幸福感。

第三章

中国流动人口收入分布特征与差异性

流动人口作为中国户籍制度的产物，随着人口迁移政策的放松，成为一种特殊的人口现象，尽管中国政府和学者一直对这一群体予以关注，但是仍有一些尚未解决的难题，本研究试图利用原国家人口计生委组织实施的《流动人口动态监测调查问卷》数据，研究流动人口群体内部的收入差距及对主观幸福感的作用机制，以期为解决流动人口问题提供理论指导和政策建议。为了全面刻画流动人口特征，本章首先对流动人口样本和主要变量进行统计描述，然后详细阐述流动人口的收入分布特征，最后对流动人口收入分布的差异性进行统计检验，为实证研究奠定基础。

第一节　样本和主要变量描述

一、样本介绍

本书的研究数据主要来源于原国家人口计生委于2013年组织实施的《流动人口动态监测调查问卷》数据，调查范围覆盖我国31个省（自治区、直辖市），包含198795个流动人口样本，是目前关于流动人口的覆盖面最广、代表性最好、时效性最强的调查数据。

（一）调查对象和内容

该项调查的对象是在本地居住1个月及以上，非本区（县、市）户口且2013年5月年龄达到15~59周岁的流入人口，其中不包括配偶或子女为本地户籍的流动人口，或者调查时在车站、码头、机场、旅馆、医院等地点的流入人口。该项调查主要以个人问卷的形式进行，分为基本情况，就业、居住和医保、婚育情况、计划生育服务、生活与感受共四个部分。

（二）抽样方法

以31个省（自治区、直辖市）和新疆生产建设兵团2012年全员流动人口年报数据为基本抽样框，采取分层、多阶段、与规模成比例的PPS（Probability Proportionate to Size Sampling）方法进行抽样。其中，分层按照31个省（自治区、直辖市）和新疆生产建设兵团分层；多阶段中的第一阶段按PPS法抽选乡镇街道，第二阶段在抽中的乡镇街道内按PPS法抽选村居委会，乡镇街道、村居委会的抽选由国家统一进行，第三阶段在抽中的居委会或村委会内抽取个人调查对象。

二、主要变量描述

流动人口动态监测调查（2013年）数据中的被调查者既包括在流入地就业的流动人口，也包括失业、无业、操持家务和退休人员，由于本章研究的是流动人口收入及相关问题，所以只保留就业状态为就业的流动人口，并删除含有缺失值的样本，最终保留112474个有效流动人口样本。下面介绍每个样本中涉及收入之外的主要变量的含义和分布特征，收入变量将在本章第二节单独介绍。

（一）省份变量

省份变量是指调查对象的现居住地址，即流入地，问卷中调查对象的省份分布在全国31个省（自治区和直辖市）以及新疆生产建设兵团。按照最新的我国东、中、西部划分标准，东部地区包括北京、天津、河北、辽宁、上海、江苏、浙江、福建、山东、广东和海南11个省份；中部地区8个省级行政区，分别是山西、吉林、黑龙江、安徽、江西、河南、湖北、湖南；西部地区包括四川、重庆、贵州、云南、西藏、陕西、甘肃、青海、宁夏、新疆、广西、内蒙古共12个省级行政区。由于PPS抽样是一种按概率规模大小成比例的概率抽样，而流动人口更多的是由经济欠发达地区流向经济发达的东部地区，或者流向地域辽阔、人口密度较低的西部地区，所以调查对象在东、中、西部的抽样情况与此吻合，具体为东部省份56559个样本，占样本总数的50.28%；中部省份21569个样本，占19.18%；西部34346个样本，占30.54%（见表3－1）。

表3－1　流动人口省份变量分布

省份变量	频数	频率（%）	累计频率（%）
西部	34346	30.54	30.54
中部	21569	19.18	49.72
东部	56559	50.28	100

（二）性别

从流动人口的性别分布（见表 3－2）可以看出，男性流动人口占 58.33%，女性仅占 41.67%，男性流动人口比例明显高于女性，说明中国“男主外，女主内”的观念仍然存在；同时，由于流动人口的男性从事行业和职业选择范围更大，相对来说女性的就业选择范围较小，这也是女性流动人口比例低于男性的原因之一。

表 3－2　流动人口性别分布

性别	频数	频率（%）	累计频率（%）
女	46867	41.67	41.67
男	65607	58.33	100

（三）民族

在 112474 个有效流动人口样本中，汉族为 105129 个，占 93.47%，少数民族中回族占 1.56%，壮族占 0.90%，其他少数民族所占比例都很低（见表 3－3）。2010 年中国第六次人口普查数据显示我国汉族人口占全国总人口数的 91.60%，所以总体上看，样本的代表性比较强，流动人口各民族人口比例与全国比例相当。

表 3－3　流动人口民族分布

民族	频数	百分比（%）	累积百分比（%）
汉族	105129	93.47	93.47
少数民族	7345	6.53	100

（四）受教育程度

受教育程度，指截至调查时间，本人接受国内外教育所取得的最高学历或与现有文化水平相当的学历，分为未上过学、小学、初中、高中、中专、大学专科、大学本科、研究生八个等级，各层次受教育程度所占比例依次为：1.55%、12.36%、52.84%、15.79%、6.76%、6.89%、3.54%、0.27%（见表 3－4）。可以看出流动人口受教育水平的总体程度有所改善，未上过学的比例很低，仅占 1.55%；一半以上的流动人口为初中文化水平，占 52.84%；高中文化的比例为 15.79%，在受教育程度的比例中排名第二；中专和大学专科的比例较接近，为

6.8%左右；部分大学本科和研究生学历的流动人口可能是有些大学生毕业后在城市工作，但将户口迁回了农村老家。

表3-4 流动人口受教育程度分布

受教育程度	频数	频率（%）	累计频率（%）
未上过学	1744	1.55	1.55
小学	13897	12.36	13.91
初中	59433	52.84	66.75
高中	17760	15.79	82.54
中专	7607	6.76	89.30
大学专科	7754	6.89	96.19
大学本科	3981	3.54	99.73
研究生	298	0.27	100

（五）户籍状况

流动人口动态监测调查对象为在本地居住1个月及以上、非本区户口的流动人口，对户口性质并没有限制，所以既包括由农村迁移到城市的农业户籍流动人口即农民工，也包括具有非农户籍的城镇流动人口，但是农业户籍的流动人口比例较高，占83.21%，非农户口及其他的占比为16.79%（见表3-5）。所以流动人口中还是以农民工为主，流动人口问题更多地表现为农民工问题。

表3-5 流动人口户籍状况分布

户籍性质	频数	频率（%）	累计频率（%）
农业	93594	83.21	83.21
非农业	18671	16.6	99.81
其他	209	0.19	100

（六）婚姻状况

本调查的婚姻状况原则上指法律上的婚姻，而非事实婚姻。调查结果显示，流动人口中已婚人口占总人口的比例远远大于未婚，未婚流动人口占比24.22%；已婚流动人口中初婚占72.75%，再婚占1.08%，离婚占1.64%，丧偶占0.31%（见表3-6），说明流动人口大多拥有稳定的家庭，流动人口家庭是否随迁等问题也关乎流动人口的切身利益。

表 3－6　　流动人口婚姻状况分布

婚姻状况	频数	频率（%）	累计频率（%）
未婚	27245	24.22	24.22
初婚	81828	72.75	96.97
再婚	1211	1.08	98.05
离婚	1840	1.64	99.69
丧偶	350	0.31	100

（七）本次流动范围

早期的人口流动较多的是由农村流向所在的县市或者省内流动，跨省流动的比例不高，随着劳动力迁移限制的减少以及交通的便利，跨省流动的比例占流动人口的总数超过一半，达到 58.07%，省内流动的比例仅为 41.94%，其中省内跨市的比例为 27.09%，市内跨县的比例为 14.84%（见表 3－7），从而可以看出流动人口更倾向于流向离老家较远的地方。

表 3－7　　流动人口流动范围分布

流动范围	频数	频率（%）	累计频率（%）
跨省流动	65313	58.07	58.07
省内跨市	30475	27.09	85.16
市内跨县	16686	14.84	100

（八）从事行业

按照国家统一标准，并根据流动人口的实际从业情况，对调查对象所在行业分为 15 类，分别是：制造业、采掘业、农林牧渔业、建筑业、电煤水生产供应业、批发零售业、住宿餐饮业、社会服务业、金融保险房地产业、交通运输仓储通信业、卫生体育和社会福利业、教育文化及广播电影电视业、科研和技术服务业、党政机关和社会团体、其他行业。其中从事制造业的流动人口比例最高，为 23.46%；其次是批发零售业，占 22.62%；再者是住宿餐饮和社会服务业，分别是 14.08% 和 10.54%；从事建筑业的流动人口比例仅为 8.39%（见表 3－8），原因可能是该项调查对于在临时工地等非正规场所居住的流动人口在编制抽样框时人为地避免遗漏，同时新生代农民工多数掌握了一技之长，更加向往更舒适的工作环境，使建筑业的流动人口比例较低。

表 3－8　　流动人口从事行业分布

行业分布	频数	频率（%）	累计频率（%）
制造业	26389	23.46	23.46
采掘业	1418	1.26	24.72
农林牧渔业	3510	3.12	27.84
建筑业	9435	8.39	36.23
电煤水生产供应业	872	0.78	37.01
批发零售业	25445	22.62	59.63
住宿餐饮业	15832	14.08	73.71
社会服务业	11857	10.54	84.25
金融保险房地产业	1652	1.47	85.72
交通运输仓储通信业	4661	4.14	89.86
卫生体育和社会福利业	1253	1.11	90.97
教育文化及广播电影电视业	1261	1.12	92.09
科研和技术服务业	1632	1.45	93.54
党政机关和社会团体	515	0.46	94.00
其他	6742	6.00	100

（九）职业

职业是从业人员为获取主要生活来源而从事的社会工作类别，按照从业者所从事具体工作性质的同一性进行分类。参照国家统计局职业分类标准，并根据流动人口的具体职业类型，共分为以下 18 种职业：国家机关党群组织企事业单位负责人、专业技术人员、公务员办事人员和有关人员、经商、商贩、餐饮、家政、保洁、保安、装修、其他商业服务业人员、农林牧渔水利业生产人员、生产、运输、建筑、其他生产运输设备操作人员及有关人员、无固定职业、其他。从表 3－9 中可以看出，从事经商、餐饮及其他商业服务业人员的比重最大，占流动人口总数的 48.05%，从而可以看出流动人口接近一半从事商业服务业，但是目前我国商业服务业产业化程度还比较低，存在弱、小的问题，必须加大宣传力度，对商业服务业进行合理定位，为商业服务发展提供一个良好的政策空间和外部环境；除了商业服务业，不少流动人口从事生产运输设备操作等，因为现在外出务工的流动人口中新生代农民工占绝大部分，而他们中的很多人在中专技校或其他培训学校进行过培训，掌握一技之长，可以顺利地投入相关的生产活动中去，并且该类职业的平均收入水平较高，所以具有较强的吸引力；流动人口中有8.1%为专业技术人员，他们所受教育程度普遍较高；还有一部分流动人口中的佼佼者为国家机关党群组织企事业单位负责人，但是为数甚少，仅占所有流动人口总数的0.53%。

表3－9　　流动人口主要职业分布

主要职业	频数	频率（%）	累计频率（%）
国家机关党群组织企事业单位负责人	592	0.53	0.53
专业技术人员	9107	8.10	8.63
公务员办事人员和有关人员	1840	1.63	10.26
经商	20871	18.56	28.82
商贩	4802	4.27	33.09
餐饮	13136	11.68	44.77
家政	299	0.26	45.03
保洁	1686	1.50	46.53
保安	1310	1.16	47.69
装修	3130	2.78	50.47
其他商业服务业人员	19580	17.41	67.88
农林牧渔水利业生产人员	3428	3.05	70.93
生产	18672	16.60	87.53
运输	3274	2.91	90.44
建筑	5767	5.13	95.57
其他生产运输设备操作人员及有关人员	4980	4.43	100

（十）单位性质

参照国家单位性质的划分标准，并根据流动人口特殊的务工性质，就业单位性质分为以下12种：土地承包者、机关事业单位、国有及国有控股企业、集体企业、个体工商户、私营企业、港澳台企业、日韩企业、欧美企业、中外合资企业、其他、无单位。将其他和无单位合并到个体工商户如表3－10所示，流动人口为个体工商户的最多，占44.64%；其次是私营企业，占36.08%，但是依然有很多个体工商户和私营企业的员工无法享受到养老和医疗保险，这也是导致流动人口社会保障问题的原因之一。

表 3-10 流动人口单位性质分布

单位性质	频数	频率（%）	累计频率（%）
土地承包者	2620	2.33	2.33
机关事业单位	2447	2.18	4.51
国有及国有控股企业	6486	5.77	10.28
集体企业	2774	2.47	12.75
个体工商户	50210	44.64	57.39
私营企业	40577	36.08	93.47
港澳台企业	2866	2.55	96.02
日韩企业	1118	0.99	97.01
欧美企业	543	0.48	97.49
中外合资企业	2833	2.51	100

（十一）就业身份

就业身份指从事经济活动的人雇用、受雇或自雇情况。调查结果如表 3-11 所示，流动人口中的大半为雇员，占 63.83%；雇主的比例相对较低，仅占 11.93%；自营劳动者的比例位于两者之间，占 23.34%，流动人口中的自营劳动者多以贩卖水果以及路边小吃摊为主，还有极少部分的流动人口从事家庭帮工的工作，一般将其归并到雇员。

表 3-11 流动人口就业身份分布

就业身份	频数	频率（%）	累计频率（%）
雇员	71787	63.82	63.83
雇主	13415	11.93	75.75
自营劳动者	26251	23.34	99.09
家庭帮工	1021	0.91	100

（十二）平均每周工作时间

流动人口的工作时间涉及平均每周工作天数和平均每天工作小时数两个方面，由图 3-1 可以看出，一周 7 天都在工作的流动人口最多，占 46.36%，他们没有周末，日复一日地工作；27.69% 的流动人口每周工作 6 天；而享受双休日每周工作 5 天的流动人口只有 14.50%。图 3-2 的每天工作时间也反映出流动人口的工作量比普通城镇职工阶层大很多，每天工作 8 小时的人数最多，占 39.50%；其次是每天工作 10 个小时，占 25.71%；还有为数不少的 13.86% 的流动人口每天工作 12 个小时，甚至有少数流动人口每天工作时间在 15 小时以上，其工作之繁重可想而知。

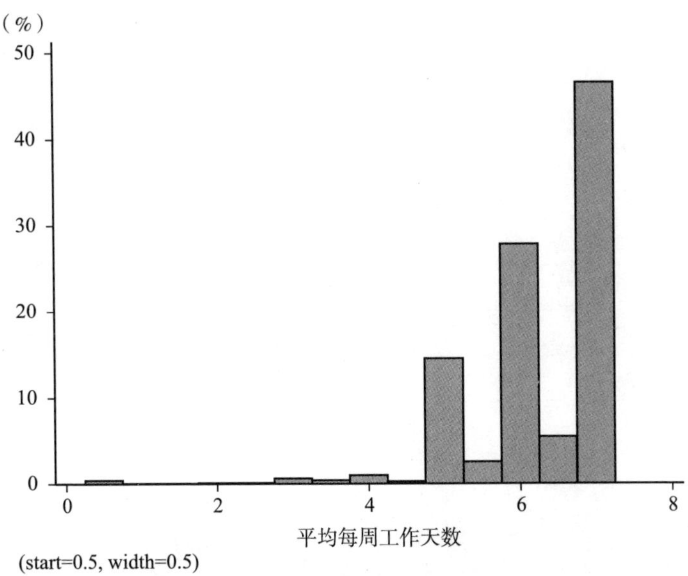

图 3－1　平均每周工作天数直方图

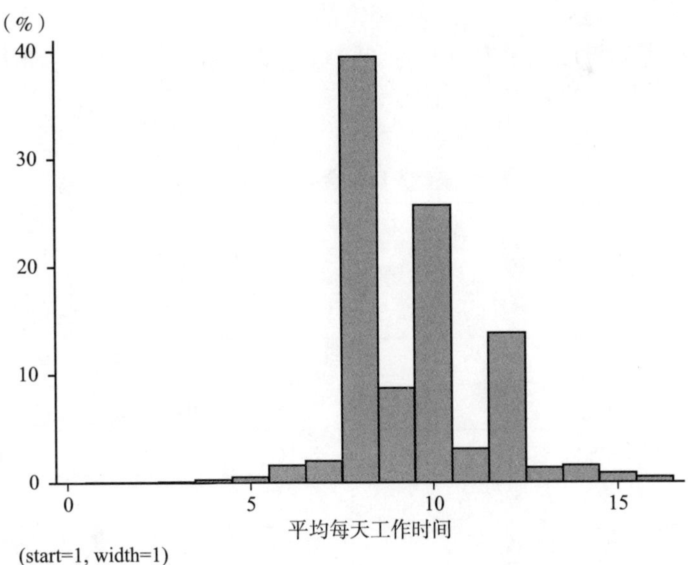

图 3－2　平均每天工作时间直方图

（十三）是否享有城镇职工医疗保险

职工基本医疗保险制度是依法对职工的基本医疗权利给予保障的社会医疗保险制度，是依据法律、法规强制推行的，实行社会统筹医疗基金与个人医疗账户相结合的基本模式，保障职工基本医疗，是建立社会主义市场经济体制的客观要求和重要保障。但是表 3－12 显示流动人口中享受城镇职工医疗保险的只占 23.64%，这就导致大多数流动人口看病难、看病贵，甚至不敢去医院看病。所以，完善流动人口的医疗保险制度是解决流动人口问题的当务之急。

表 3－12　流动人口享受城镇职工医疗保险分布

是否享受城镇职工医疗保险	频数	频率（%）	累计频率（%）
是	26594	23.64	23.64
否	82522	73.37	97.01
不清楚	3358	2.99	100

（十四）社会资本

流动人口虽然在流入地生活工作，但是其亲戚朋友大多在老家，“根”在老家，他们的社会关系多是在老家建立起来的，表 3－13 显示他们与户口在老家的同乡来往最多，占流动人口的 40.4%；其次由于工作和生活的关系，他们不得不与本地人逐渐建立起社会关系，26.56% 的流动人口与本地人往来最多；流动人口中仅有 12.66% 与户口在本地的同乡联系最多，与其他外地人比例相当；但是也有 9.55% 流动人口很少与人来往。

表 3－13　流动人口社会资本分布

业余时间和谁来往最多	频数	频率（%）	累计频率（%）
同乡（户口在本地）	14238	12.66	12.66
同乡（户口在老家）	45443	40.40	53.06
其他本地人	29872	26.56	79.62
其他外地人	12182	10.83	90.45
很少与人来往	10739	9.55	100

（十五）主观幸福感

流动人口在流入城市中是否感觉幸福，这关系到社会的安定与否，简单地

“以证管人”“以卡管人”不是城市社会管理的最终目标，提升流动人口的幸福感才是减少刑事案件、保持社会安定、建立和谐社会的关键。表3－14的调查数据显示14.22%的流动人口认为现在感觉很幸福；47.20%的流动人口感觉幸福；而感觉一般的占流动人口总数的36.86%，说明流入本地并没有使他们感觉比在老家更幸福，提升这部分流动人口的幸福感将会使得流动人口的总体幸福感大大提升；还有极少部分流动人口认为自己不幸福或者很不幸福。

表3－14　流动人口主观幸福感分布

主观幸福感	频数	频率（%）	累计频率（%）
很幸福	15997	14.22	14.22
幸福	53091	47.20	61.42
一般	41451	36.86	98.28
不幸福	1709	1.52	99.80
很不幸福	226	0.2	100

第二节　流动人口收入分布特征

一、描述统计

通过对2012年流动人口112474个有效样本的收入变量进行描述统计（见表3－15），得出全部流动人口月收入均值3092元。国家统计局发布的宏观经济数据显示，2012年全国城镇居民人均总收入23979元，人均月收入1998.25元，所以从均值来看，2012年流动人口月收入均值高于全国城镇居民人均月收入，但是这与流动人口承受的较差的工作环境和较长的工作时间密不可分。另外，流动人口之间的收入差距比较大，月收入最低的仅100元，最高达到20000元及以上，收入的标准差2323.9元，流动人口群体内部的收入差距之大可想而知；不同分位点的收入也间接反映出收入差距的存在，处于10%分位点的流动人口月收入仅1400元，25%分位点的为2000元，中位数2500元，75%分位点的3500元，90%分位点的达到5000元，95%分位点的流动人口收入高达7000元，所以流动人口群体内部的收入差距不容忽视。从分布的偏度和峰度来看，流动人口收入分布的偏度3.9大于0，说明流动人口收入分布呈现右偏分布，即有少数流动人口的收入远远高于均值，但是为数不多，可是其遥遥领先的收入还是拉高了流动人口的收入均值，并且还导致流动人口收入的均值大于中位数；收入分布的峰度 24.4 远大于 0，说明流动人口收入分布呈现尖峰状态，即处于收入众数位置的流动人口数量更加集中。

表 3-15　流动人口收入分布的描述统计

百分位点（元）						最小值（元）	最大值（元）	均值（元）	标准差（元）	偏度	峰度
10	25	50	75	90	95						
1400	2000	2500	3500	5000	7000	100	20000	3092	2323.9	3.9	24.4

二、核密度估计

为了更直观地显示流动人口收入分布的形态特征，需要准确刻画流动人口收入分布。由于事先对流动人口的收入分布形态未知，本书采用非参数核密度估计方法，运用核密度估计测算收入概率密度函数（Kernel Density Estimate Function）值及概率密度曲线图。

（一）核密度估计法的基本原理

核密度估计法由帕曾于 1962 年提出。核密度估计方法对随机变量密度函数的形式事先未知，设 X 为一随机变量，其样本观测值 x_1，x_2，…，x_N，密度函数 $f(x)$ 未知，根据经验分布函数：

$$F_N(x) = \frac{1}{N}\sum_{i=1}^{N} I(x_i \leqslant x) \tag{3-1}$$

式（3-1）中 N 是样本观测值的数量，$I(z)$ 为指标函数，z 为条件表达式，z 为真时，$I(z)=1$，z 为假时，$I(z)=0$，即当 $x_i \leqslant x$ 时，$I(x_i \leqslant x)=1$，当 $x_i \geqslant x$ 时，$I(x_i \leqslant x)=0$，若核函数取为：

$$K_0(x) = \begin{cases} \frac{1}{2}, & -1 \leqslant x < 1 \\ 0 & 其他 \end{cases} \tag{3-2}$$

那么核密度估计即为：

$$\begin{aligned} f(x) &= [F_N(x+h) - F_N(x-h)]/2h \\ &= \frac{1}{2h}\left(\frac{1}{N}\sum_{i=1}^{N} I(x-h \leqslant x_i \leqslant x+h)\right) \\ &= \frac{1}{Nh}\sum_{i=1}^{N} K_0\left(\frac{x-x_0}{h}\right) \end{aligned} \tag{3-3}$$

将式（3-3）推广到一般的核密度估计，即为：

$$f_n(x) = \frac{1}{nh_n}\sum_{i=1}^{n} K\left(\frac{x - x_i}{h_n}\right) \tag{3-4}$$

式（3-4）中 h 是宽带（Band-width），K 是核（Kerncl）函数。由于核函数用于取局部平均，理论上要求所选的核函数须满足以下四个特征：（1）$K(x) \geqslant 0$；（2）$\int K(x)\mathrm{d}x = 1$；（3）$\int xK(x)\mathrm{d}x = 0$；（4）$\sigma_K^2 \equiv \int x^2K(x)\mathrm{d}x > 0$。

核密度估计结果的好坏，取决于三个因素：一是收入样本的质量；二是核函数的选择；三是带宽的选择。在流动人口收入样本确定的情况下，核函数和带宽的选择就尤为重要。

（二）核密度估计法的核函数选择

在实际应用中，核函数不一定严格满足以上四个特征，但是站在适用的角度来看，一般须满足 $K(\cdot)$ 是概率密度函数。常见的一维核函数有如下四种形式：

（1）Boxcar 核：$K(u) = \begin{cases} 0.5, & -1 \leqslant u \leqslant 1 \\ 0, & 其他 \end{cases}$

（2）Epanechikov 核：$K(u) = 0.75(1-u^2)I(|u| \leqslant 1)$

（3）Tricube 核：$K(u) = \frac{70}{81}((1-|u|^3)I(|u| \leqslant 1))^2$

（4）Gaussian 核：$K(u) = \frac{1}{\sqrt{2\pi}}e^{-\frac{u^2}{2}}$

不同的核函数会影响核密度估计结果的精确性，因此根据样本数据特征选择合适的核函数是核密度估计的关键。不少学者针对此问题做了相关研究，许建华等（2002）提出了一种基于核函数的非线性感知器算法，该方法解决了原始属性空间中线性不可分问题和高维特征空间中线性可分问题；吴涛等（2003）提出了一种新的核函数构造方法以代替传统核函数的表达式，对特征空间的内积值采用散乱数据插值的办法，有助于改善支持向量机的不确定性；陈希镇、胡兆红（2010）克服了 Copula 函数参数估计时传统方法的不足，采用非参数核密度估计对 Copula 函数参数进行估计，并用仿真技术验证了该方法的可行性；梁礼明等（2013）提出依据样本分布特征选取核函数的方法，从而充分利用数据的有效信息，结合核函数隐含的几何度量，最终选取合适的核函数；彭新俊、胡光华（2004）通过对 SVM 方法进行改进，认为样本数目的多少对应着概率事件的大小，从而使估计结果更接近真实的密度函数，他们采用正则化技术对密度估计中的问题进行了处理。

但是大量的经验研究证明，在样本数据足够多的情况下，核函数形式的选取对于核密度估计结果的影响不是至关重要的，带宽的选择才是核密度估计效果优良的关键，所以带宽的选择是核密度估计的重中之重，接下来介绍带宽选择中插入带宽法和交叉验证法。

（三）核密度估计法的带宽选择方法

1. 插入宽带法

插入宽带法是由核密度估计方法的精度度量，即均方误差分析而来。设$K(\cdot)$为对称密度函数，且满足：

$$\int uK(u)\mathrm{d}u = 0,\ k_2 \cong \int u^2 k(u)\mathrm{d}u \neq 0 \tag{3-5}$$

设$f(x)$为二阶有界连续导数，核密度估计$f(x)$的均方误差为：

$$MSE(f_n(x)) = E_f[f_n(x) - f(x)]^2 = \mathrm{var}_f(f_n(x)) + [E(f_n(x)) - f(x)]^2 \tag{3-6}$$

式（3-6）中第一项为方差，第二项为偏差项，一般这两项的数值大小呈现此消彼长的态势，很难实现二者的同时减少。设偏差项为$bias(f_n(x))$，则偏差项可以变形为：

$$\begin{aligned} bias(f_n(x)) &= \int K(u)[f(x - h_n u) - h_n u f'(x) - f(x)]\mathrm{d}u \\ &= \frac{1}{2}h_u^2 \int u^2 K(u) f''(x - \theta h_n u)\mathrm{d}u \end{aligned} \tag{3-7}$$

式（3-7）中$|\theta| \leqslant 1$，由于$f(x)$为二阶有界连续导数，根据收敛定理和泰勒公式：

$$bias(f_n(x)) = \frac{1}{2}f''(x)k_2 h_n^2 + o(h_n^4) \tag{3-8}$$

从而可得：

$$\mathrm{var}(f_n(x)) = (nh_n)^{-1} f(x) \int K^2(u)\mathrm{d}u + o(n^{-1}) \tag{3-9}$$

当$f''(x) \in L_2(R')$时：

$$\int [bias(f_n(x))]^2 \mathrm{d}x \approx \frac{1}{4}h_n^4 k_2^2 \int [f''(x)]^2 \mathrm{d}x$$

$$\int \mathrm{var}(f_n(x))\mathrm{d}x \approx (nh_n)^{-1} \int K^2(u)\mathrm{d}u \tag{3-10}$$

从式（3-10）可以看出，h_n的选择对核密度估计的偏差项和方差项的影响方向是相反的，从而：

$$MISE(f_n) \approx (nh_n)^{-1} \int K^2(u)\mathrm{d}u + \frac{1}{4}h_n^4 k_2^2 \int [f''(x)]^2 \mathrm{d}x \tag{3-11}$$

当$h_n \to 0$时，求得渐进最优带宽h_{opt}：

$$h_{opt} = \left[\frac{\int K^2(u)\mathrm{d}u}{k_2^2 \int (f''(x))^2 \mathrm{d}x} \right]^{\frac{1}{5}} n^{-\frac{1}{5}} \tag{3-12}$$

式（3－12）表明，当样本容量增大时，最优带宽将以 $n^{-\frac{1}{5}}$ 的速度收敛于零，若将 $\int[f''(x)]^2\mathrm{d}x$ 看作 $f(x)$ 的振动频率，则 $\int[f''(x)]^2\mathrm{d}x$ 越大时，最优带宽将越小。但是该方法由于 $f(x)$ 的假定条件近于苛刻，致使核估计结果不合适，也有学者针对该问题进行了验证，说明插入带宽的不可靠性。

2. 交叉验证法

交叉验证法由偌迪莫（Redumo，1982）和鲍曼（Bowman，1984）提出，是带宽选择的一种完全自动的方法，即直接根据样本数据“自动”选择带宽。

已知：

$$MISE(f_n) = \int[f_n(x) - f(x)]^2\mathrm{d}x$$
$$= \int f_n^2(x)\mathrm{d}x - 2\int f_n(x)f(x)\mathrm{d}x + \int f^2(x)\mathrm{d}x \qquad (3-13)$$

式中，$\int f^2(x)\mathrm{d}x$ 与带宽 h_n 没有关系，这样最小的均方误差等同于：

$$R(f_n) = \int f_n^2(x)\mathrm{d}x - 2\int f_n(x)f(x)\mathrm{d}x \qquad (3-14)$$

因为 $\int f_n(x)f(x)\mathrm{d}x = Ef_n(x)$，那么 $\int f_n(x)f(x)\mathrm{d}x$ 的一个无偏估计是 $n^{-1}\sum_{i=1}^{n} f_n^{(-i)}(X^i)$，其中 $f_n^{-i}(x) = \frac{1}{(n-1)h_n}\sum_{j\neq i}^{n} K\left(\frac{x-X_i}{h_n}\right)$。

令 $M_0(h_n) = \int f_n^2(x)\mathrm{d}x - \frac{2}{n}\sum_{i=1}^{n} f_n^{-i}(X_i)$，那么最小二乘交叉验证最优带宽为：

$$h_{opt} = \min_{h>0} M_0(h_n) \qquad (3-15)$$

又因为：

$$\int f_n^2(x)\mathrm{d}x = n^{-2}h_n^2\sum_{i=1}^{n}\sum_{j=1}^{n}\int K\left(\frac{x-X_i}{h_n}\right)K\left(\frac{x-X_j}{h_n}\right)\mathrm{d}x$$
$$= n^{-2}h_n^{-1}\sum_{i=1}^{n}\sum_{j=1}^{n}\int K(t)K\left(\frac{X_i-X_j}{h_n}-t\right)\mathrm{d}t$$
$$\cong n^{-2}h_n^{-1}\sum_{i=1}^{n}\sum_{j=1}^{n}K^*\left(\frac{X_i-X_j}{h_n}\right) \qquad (3-16)$$

式中，$K^*(u) = \int K(t)K(u-t)\mathrm{d}t$，因此：

$$\frac{1}{n}\sum_{i=1}^{n} f_n^{-i}(X_i) = n^{-1}(n-1)^{-1}h_n^{-1}\sum_{i=1}^{n}\sum_{j=1}^{n}K\left(\frac{X_i-X_j}{h_n}\right) - (n-1)^{-1}h_n^{-1}K(0) \qquad (3-17)$$

将式（3－17）中的 $n-1$ 换为 n，并与式（3－16）一并代入式（3－12），

从而可得：

$$M_1(h_n) = n^{-2}h_n^{-1}\sum_{i=1}^{n}\sum_{j=1}^{n}K_1\left(\frac{X_i - X_j}{h_n}\right) + 2n^{-1}h_n^{-1}K(0) \quad (3-18)$$

式中，$K_1(u) = K^*(u) - 2K(u)$。

所以可得：

$$h_{opt} = \min M_1(h) \quad (3-19)$$

（四）流动人口收入分布的核密度估计

依据核密度估计的基本原理，以 112474 个流动人口样本的月收入数据为基础，进行收入分布的核密度估计。根据国内外核密度估计的经验，本书选择高斯密度函数，运用最小二乘交叉验证法自动选择最优带宽，得出我国流动人口收入密度函数的核密度估计为：

$$f_n(x) = \frac{1}{nh_n}\sum_{i=1}^{n}\frac{1}{\sqrt{2\pi}}e^{-\frac{\mu^2}{2}(\frac{x-x_i}{h_n})} \quad (3-20)$$

通过 Stata 软件运行得出我国流动人口收入分布的核密度估计图（见图 3－3），图 3－3 中横轴表示流动人口的月收入，纵轴表示相应收入水平下的收入函数的密度。

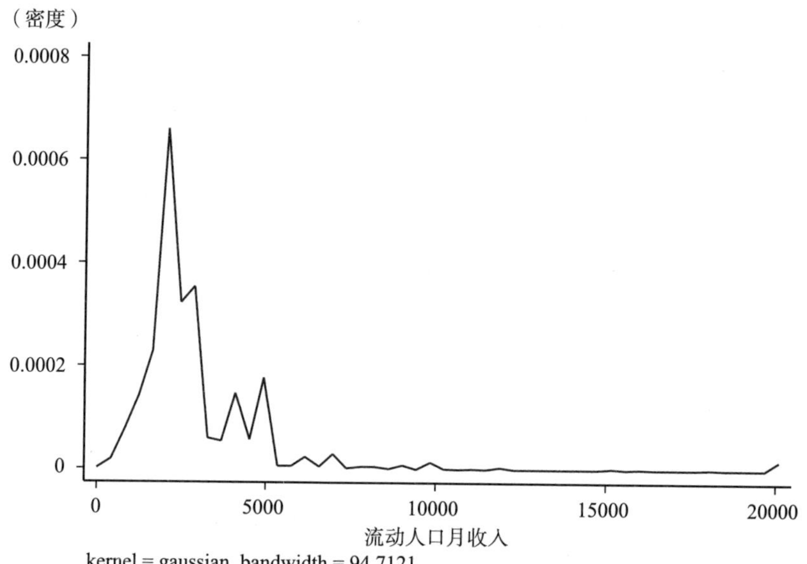

图 3－3　流动人口收入分布的核密度估计

由图 3－3 可以看出我国流动人口收入分布呈现明显的多峰、偏态分布。大多数流动人口的月收入在 2500 元左右，在 4000 元和 5000 元左右出现另外两个峰点，然后右拖尾现象很严重，说明少数流动人口的收入在 5000 元以上，甚至达到 10000 元、20000 元及以上，流动人口群体内部存在少数高收入阶层。

图 3 - 3 中流动人口收入密度曲线的非正态化说明流动人口群体内部阶层分化非常明显，群体内部的收入差距显著，呈现多极分化的态势。造成这种收入分布多峰、拖尾严重的原因主要是流动人口群体受劳动力市场分割制度的影响，形成了不同务工区域、不同行业、不同职业、不同户籍等多种市场分割，从而导致流动人口收入的区域差异、行业差异、职业差异、户籍差异等。另外，该调查中的流动人口既包括就业身份为雇主的流动人口，也包括就业身份为雇员或自营劳动者的流动人口，身份差异悬殊的两类流动人口群体其收入差距也是毋庸置疑的，这些不同群体之间的收入差距也是导致流动人口收入分布多峰的原因。所以，研究流动人口群体内部的收入差距，以及不同就业身份、不同区域、不同行业、不同职业等特征对流动人口收入差距的影响，是流动人口收入问题研究的大势所趋。

第三节　流动人口收入分布的特征差异

根据图 3 - 3 可看出，流动人口群体内部收入分布的多极分化比较严重，从而形成了流动人口收入分布的多个区间以及收入分布曲线的多峰状态，这些差异是否由流动人口的不同特征造成的呢？由于流动人口收入分布的总体特征未知，接下来运用非参数检验方法来检验流动人口收入是否存在特征差异。

一、数据处理

由于流动人口的有些特征分类过细，不利于分析各项特征之间的差异，需要进行适当的合并。将地区变量按照我国东、中、西部最新划分标准，合并为东、中、西部三个区域，行业变量根据国民经济行业分类标准（GB/4754 - 2011），合并为农林牧渔业、制造业、建筑采掘及电力水生产供应业、批发零售业、住宿餐饮业、社会服务及其他服务业六个行业，职业变量根据中国劳动力市场职业分类（LB501 - 2002）合并为国家机关、党群组织、企事业单位负责人，专业技术人员，公务员、办事人员和有关人员，商业、服务业人员，农林牧渔水利业生产人员，生产、运输设备操作及有关人六类，单位性质合并为机关事业单位、国有和集体企业、民营个体、三资企业四类。

二、检验方法

由于流动人口样本的总体分布未知，并且多数情况下，很难对总体分布的形式或特征做出较为准确的假设，这将大大降低参数检验统计推断方法的可信度，而非参数检验方法却可以规避总体分布未知的问题，在总体分布未知或知之甚少的情况下，运用样本数据对总体数据特征进行统计推断。非参数检验方法主要涉及以下几种情况：单样本非参数检验、两独立样本非参数检验、两配对样本非参数检验、多独立样本非参数检验、多配对样本非参数检验。而流动人口中各个分组样本的抽样是独立的，所以采用独立样本非参数检验方法，涉及两独立样本非参数检验和多独立样本非参数检验。两独立样本非参数检验是通过对两个独立样本的数据分析，来推断两者的总体分布是否存在显著差异的一种假设检验方法，统计软件中提供的检验方法主要有曼 – 惠特尼 U 检验（Mann – Whitney U）、K – S 检验、W – W 游程检验（Wald – Wolfwitz Runs）、极端反应检验（Moses Extreme Reactions）等；多独立样本非参数检验是通过对多个独立样本的数据分析，推断来自多个总体的中位数或分布是否存在显著差异，统计软件提供的检验方法主要包括中位数检验、Kruskal – Wallis 检验、Jonkheer – Terpstra 检验。

三、不同特征差异检验

（一）性别差异

通过对男性和女性流动人口收入分别进行描述统计（见表 3 – 16），得出男性流动人口的月收入均值为 3311. 8 元，而女性仅为 2685. 3 元，男性月收入均值大于女性流动人口，而且第 10、25、50、75、90 百分位点的收入也呈现同样的状态，说明流动人口收入可能存在性别差异，接下来进一步对差异的统计显著性进行检验，采用两独立样本的非参数检验方法。

表 3 – 16　　不同性别流动人口收入的描述统计

收入分布特征		百分位点（元）					均值（元）	标准差（元）	偏度	峰度
		10	25	50	75	90				
性别	男	1500	2000	3000	4000	5000	3311. 8	2404	3. 7	22. 9
	女	1200	1600	2000	3000	4500	2685. 3	2148. 2	4. 4	30. 2

曼－惠特尼U检验结果显示，男性流动人口收入的平均秩为62575.11，女性为47365.77，曼－惠特尼U统计量等于1121610031.5，Z统计量为－77.79，由于流动人口样本符合大样本的数量要求，所以依据Z统计量的概率P值进行决策，其双侧概率P值为0，如果显著性水平为0.001，小于显著性水平，应该拒绝原假设，即男性和女性的流动人口收入分布存在显著差异；K－S检验、W－W游程检验和极端反应检验的检验结果与此一致，检验过程不赘述。

（二）区域差异

将流动人口流入地的省份划分为东部、中部、西部三大区域，表3－17的描述统计显示东部区域的流动人口收入均值最高，为3210.4元，其次是西部2941.9元，最低的为中部2856.9元；从各百分位点来看，东部区域的流动人口收入在各个百分位点都高于中部和西部，西部的流动人口收入除了在25百分位点稍低于中部，其他百分位点都略高于中部，说明流动人口收入可能存在区域差异。接下来进一步对差异的统计显著性进行检验，采用多独立样本的非参数检验方法。

表3－17　不同区域流动人口收入的描述统计

收入分布特征		百分位点（元）					均值（元）	标准差（元）	偏度	峰度
		10	25	50	75	90				
区域	东部	1500	2000	2700	3500	5000	3210.4	2301.3	3.8	23.9
	中部	1200	1700	2200	3000	5000	2856.9	2179.1	4.0	27.4
	西部	1200	1600	2400	3200	5000	2941.9	2430.2	4.0	25.0

多独立样本的Kruskal－Wallis检验结果得出，东部、中部、西部流动人口收入的平均秩分别为60019.97、51735.84、52835.75，K－W统计量为1572.79，对应的概率P值为0，若显著性水平为0.001，P值小于显著性水平，应该拒绝原假设。因此位于不同区域的流动人口收入分布存在显著性差异；多独立样本的Jonckheere－Terpstra检验和中位数检验结果与此一致，检验过程不赘述。

（三）户籍差异

将流动人口收入按照户籍地不同分别进行描述统计（见表3－18），得出非农户籍流动人口的月收入均值为3709.5元，而农业户籍的流动人口月收入均值仅为2966.6元，非农户籍流动人口月收入均值大于农业户籍的流动人口，而且第10、25、50、75、90百分位点的收入表现出同样的差异方向，说明户籍分割的流动人口收入可能存在差异。接下来进一步对差异的统计显著性进行检验，采用两独立样本的非参数检验方法。

表 3－18 不同户籍流动人口收入的描述统计

收入分布特征		百分位点（元）					均值（元）	标准差（元）	偏度	峰度
		10	25	50	75	90				
户口	非农户籍	1500	2000	3000	4200	6500	3709.5	2919.6	3.0	15.2
	农业户籍	1400	2000	2500	3200	5000	2966.6	2194.9	4.1	27.8

曼－惠特尼 U 检验结果显示，农业户籍流动人口收入的平均秩为 54517.13，非农户籍的为 64880.62，曼－惠特尼 U 统计量等于 714322128，Z 统计量为－40，由于流动人口样本符合大样本的数量要求，所以依据 Z 统计量的概率 P 值进行决策，其双侧概率 P 值为 0，如果显著性水平为 0.001，P 值小于显著性水平，应该拒绝原假设，即户籍分割的流动人口收入分布存在显著差异；K－S 检验、W－W 游程检验和极端反应检验的检验结果与此一致，检验过程不赘述。

（四）行业差异

根据流动人口行业分布特征，参考国民经济行业分类标准（GB/T 4754—2011），对流动人口所从事的行业进行分类合并，合并为六个行业：农林牧渔业、制造业、建筑采掘及电力水生产供应业、批发零售业、住宿餐饮业、社会服务及其他服务业。对不同行业的流动人口收入进行描述统计（见表 3－19），可以发现从事不同行业的流动人口收入具有一定的差异，收入最低的是农林牧渔业，均值为 2342.3 元，其中位于第 10 百分位点的流动人口收入仅为 900 元，为收入最低的群体；制造业作为流动人口的最大聚集地，收入均值为 2828.1 元，标准差 1727.6 元，可以看出从事制造业的流动人口之间收入差异较小，各百分位点的收入数值也表现出较小的离散特征；从事建筑采掘及电力水生产供应业的流动人口收入均值为 3370.2 元，不同个体之间的差异相对较小，该行业 10% 分位点的流动人口收入达到 1700 元，25% 分位点的为 2000 元，50% 分位点 3000 元，75% 分位点的 4000 元，90% 分位点的 5000 元，可以看出总体态势较为缓和；从事批发零售业的流动人口数量仅次于制造业，为流动人口聚集地的第二大行业，收入均值 3445.4 元，为最高收入行业，但是该行业内流动人口收入差异却是最大的，标准差达到 2892.0 元；从事住宿餐饮业的流动人口收入均值 2802.6 元，不同百分位点的收入差异较大；社会服务及其他服务业的流动人口收入均值 3083.6 元，但是不同百分位点的差异较为明显。接下来运用多独立样本的非参数检验方法，检验不同行业流动人口收入差异的统计显著性。

表3－19　　不同行业流动人口收入的描述统计

收入分布特征		百分位点（元）					均值（元）	标准差（元）	偏度	峰度
		10	25	50	75	90				
行业	农林牧渔业	900	1300	2000	3000	4000	2342.3	1887.1	4.3	32.9
	制造业	1600	2000	2500	3000	4000	2828.1	1727.6	5.3	45.2
	建筑采掘及电力水生产供应业	1700	2000	3000	4000	5000	3370.2	2116.2	4.0	28.0
	批发零售业	1400	2000	3000	4000	6000	3445.4	2892.0	3.3	17.1
	住宿餐饮业	1280	1600	2000	3000	5000	2802.6	2220.6	4.1	27.1
	社会服务及其他服务业	1300	1800	2500	3500	5000	3083.6	2360.4	3.6	21.6

多独立样本的Kruskal－Wallis检验结果显示，K－W统计量为3406.28，对应的概率P值为0，应该拒绝原假设，因此不同行业的流动人口收入存在显著性差异；多独立样本的Jonckheere－Terpstra检验和中位数检验结果与此一致，检验过程不赘述。

（五）职业差异

根据《中华人民共和国职业分类大典》，按照工作性质的同一性，结合流动人口的职业特征，流动人口职业分为六大类，分别是：国家机关、党群组织、企事业单位负责人，专业技术人员，公务员、办事人员和有关人员，商业、服务业人员，农林牧渔水利业生产人员，生产、运输设备操作及有关人员。表3－20的描述统计分析显示，各类不同职业流动人口收入差异较大，收入最高的职业为国家机关、党群组织、企事业单位负责人，月收入均值为4758.4元，其中该类第10百分位点的收入为1800元，中位数3600元，第90百分位点的收入甚至高达10000元，但是该类职业流动人口的比例稍低，仅占流动人口的0.53%，是流动人口中的“精英一族”；其次是专业技术人员，月收入均值3667.9元；公务员、办事人员和有关人员以及商业服务业人员的月平均收入均大于全部流动人口的月收入均值3057.1元，只有农林牧渔水利业生产人员和生产、运输设备操作及有关人员的月平均收入低于全部流动人口的月收入均值。接下来对不同职业流动人口的收入差异性进行检验，采用多独立样本的非参数检验方法。

表 3-20　不同职业流动人口收入的描述统计

收入分布特征		百分位点（元）					均值（元）	标准差（元）	偏度	峰度
		10	25	50	75	90				
职业类别	1	800	1200	2000	3000	4000	2302.5	1791.3	4.1	32.3
	2	1600	2000	2600	3200	4200	2889.2	1660.7	4.9	42.8
	3	1200	1800	2500	3500	5000	3127.0	2592.7	3.7	21.0
	4	1600	2000	3000	4000	5000	3327.9	1922.4	2.6	15.2
	5	1800	2200	3000	4200	6000	3667.9	2395.6	3.0	17.2
	6	1800	2500	3600	5000	10000	4758.4	3764.1	2.4	9.3

注：1 表示“农林牧渔水利业生产人员”；2 表示“生产、运输设备操作及有关人员”；3 表示“商业、服务业人员”；4 表示“公务员、办事人员和有关人员”；5 表示“专业技术人员”；6 表示“国家机关、党群组织、企事业单位负责人”。

多独立样本的 Kruskal - Wallis 检验结果显示，K - W 统计量为 2925.8，对应的概率 P 值为 0，应该拒绝原假设，因此不同职业的流动人口收入存在显著性差异；多独立样本的 Jonckheere - Terpstra 检验和中位数检验结果与此一致，检验过程不赘述。

（六）单位性质差异

单位性质的划分标准不一，本书根据流动人口的工作单位特性，划分为四个类型：机关事业单位、国有和集体企业、民营个体、三资企业。表 3-21 的统计描述结果显示，在三资企业工作的流动人口收入最高，月收入均值为 3393.9 元；其次为民营个体的流动人口，月收入均值为 3105.7 元；而在国有和集体企业以及机关事业单位工作的流动人口收入却不高，尤其是机关事业单位的流动人口月收入均值仅为 2613.6 元，为所有单位中收入最低的群体，究其原因可能是机关事业单位中的流动人口多为合同工人，大多从事保洁、保安等低收入工作。接下来对不同单位性质的流动人口的收入差异性进行检验，采用多独立样本的非参数检验方法。

表 3-21　不同单位性质流动人口收入的描述统计

收入分布特征		百分位点（元）					均值（元）	标准差（元）	偏度	峰度
		10	25	50	75	90				
单位性质	机关事业单位	1100	1500	2200	3000	4500	2613.6	1688.2	3.5	27.9
	国有和集体企业	1500	2000	2700	3500	5000	3002.6	1804.2	3.5	26.4

续表

收入分布特征		百分位点（元）					均值（元）	标准差（元）	偏度	峰度
		10	25	50	75	90				
单位性质	民营个体	1450	2000	2500	3500	5000	3105.7	2441.0	3.9	23.6
	三资企业	1800	2000	2800	3600	5500	3393.9	2365.4	3.5	20.2

多独立样本的 Kruskal – Wallis 检验结果显示，K – W 统计量为 371.32，对应的概率 P 值为 0，应该拒绝原假设，因此不同单位性质的流动人口收入存在显著性差异；多独立样本的 Jonckheere – Terpstra 检验和中位数检验结果与此一致，检验过程不赘述。

（七）身份差异

流动人口在城市谋求发展的方式主要包括受雇、雇用雇员和自雇，其对应的身份分别为雇员、雇主和自营劳动者，表 3 – 22 的描述统计结果显示，这三种身份的流动人口收入最高的为雇主，月收入均值为 4661.1 元，但是不同百分位点的收入差异也较大，在第 10 百分位点月收入均值仅 1800 元，中位数为 3100 元，但第 90 百分位点的月收入却高达 10000 元；其次是自营劳动者的月收入均值为 3321.4 元，介于雇员和雇主之间；雇员的月收入最低，均值 2680.2 元，但是雇员之间的收入差异却是最小的。接下来对不同就业身份的流动人口收入差异的显著性进行检验，采用多独立样本的非参数检验方法。

表 3 – 22 不同就业身份流动人口收入的描述统计

收入分布特征		百分位点（元）					均值（元）	标准差（元）	偏度	峰度
		10	25	50	75	90				
就业身份	雇员	1400	1800	2400	3000	4000	2680.2	1565.8	3.9	33.1
	雇主	1800	2000	3100	5000	10000	4661.1	3945.3	2.4	9.2
	自营劳动者	1200	2000	3000	4000	5500	3321.4	2565.9	3.3	19.1

多独立样本的 Kruskal – Wallis 检验结果显示，K – W 统计量为 5914.86，对应的概率 P 值为 0，应该拒绝原假设，因此不同就业身份的流动人口收入存在显著性差异；多独立样本的 Jonckheere – Terpstra 检验和中位数检验结果与此一致，检验过程不赘述。

第四节　本章小结

本章首先介绍了2013年流动人口动态监测调查数据，然后对样本中可能涉及的主要变量进行统计描述，紧接着运用核密度估计方法全面刻画了流动人口收入分布特征，最后对不同特征之间的收入差异性进行非参数统计检验，得到以下主要结论：

第一，通过对流动人口的主要特征变量进行统计描述，发现流动人口的区域分布差异明显，分布在东部、中部、西部的流动人口比例分别为50.29%、19.18%、30.54%，东部省份的流动人口比例显著大于中部和西部；流动人口中以男性流动人口居多，分别占流动人口总数的58.33%和41.67%；汉族人口在流动人口中仍占主体地位；流动人口的平均受教育水平依然较低，52.84%为初中文化程度；农业户籍的农民工仍然是流动人口的主体，非农业户籍的城镇流动人口仅占17%左右；大多数流动人口为已婚；跨省流动已成为流动人口迁移的主要趋势；流动人口所从事的行业以制造业、批发零售业、住宿餐饮业、建筑业及社会服务业等技术含量低、劳动密集型行业为主；在流入地以经商、餐饮、生产及其他商业服务业为主要职业，职业选择范围不广泛；流动人口在流入地以个体工商户方式谋生的最多，其次是在私营企业务工，在国有、集体企业等单位务工的流动人口数量极少；流动人口的就业身份以雇员为主，自营劳动者也占有一定比例，雇主的比例较低；将近一半的流动人口平均每周工作7天，每天的工作时间也较长，甚至13.86%的流动人口每天工作时间超过12个小时；约3/4的流动人口没有享受城镇职工医疗保险；40.4%的流动人口以与户口在老家的同乡建立的原始社会资本为主；流动人口的主观幸福感有待进一步提高。

第二，虽然流动人口月收入均值高于城镇居民，但是流动人口群体内部的收入差距凸显，核密度估计结果显示，流动人口收入分布呈现明显的多峰、偏态分布，原因可能在于劳动力市场在就业身份、务工区域、所在行业、从事职业等方面的分割。

第三，非参数检验结果显示，流动人口收入存在显著的性别差异、区域差异、户籍差异、行业差异、职业差异、单位性质差异、就业身份差异。而这些差异对流动人口群体内部的总收入差距的影响程度如何呢？哪种因素对收入差距的作用程度更大呢？这将是第四章要研究的重点。

第四章

中国流动人口收入差距的影响因素研究

中国流动人口收入分布特征显示，虽然流动人口绝对收入水平有所增长，但群体内部的收入差距凸显，收入分布的核密度估计曲线呈现多峰、右拖尾现象，流动人口群体内部可能存在劳动力市场分割，进一步的非参数检验结果显示，流动人口收入的就业身份差异、性别差异、区域差异、户籍差异、行业差异、职业差异、单位性质差异等具有统计显著性。这些差异对流动人口总的收入差距贡献程度如何呢？哪些是主要影响因素呢？本章将对这些问题给予回答。接下来的章节安排如下：第一节为基于回归分解的中国流动人口收入差距影响因素研究，主要应用基于夏普利值的回归分解，计算出各类解释变量对流动人口收入差距的贡献，并找出影响收入差距的决定性因素；第二节为不同就业身份的流动人口收入差距影响因素对比研究，基于第一节的回归分解结果得出，就业身份是影响流动人口收入差距的关键因素，笔者以雇主和雇员两种不同的就业身份为典型，考察其收入决定机制的异同及各影响因素对其收入差距的贡献程度。

第一节　基于回归分解的中国流动人口收入差距影响因素研究

一、研究方法和主要变量描述

（一）研究方法

近年来对于收入不平等的分解方法应用比较广泛的是回归分解，这种方法最早由瓦哈卡（1973）提出，即在拟合收入决定方程的基础上对收入差距进行分解。

1. 收入决定方程

美国经济学家明瑟通过研究人力资本和个人收入分配的关系，将人力资本引入收入函数中，形成了人力资本的收入分配理论。经检验，收入的对数变量是服从正态分布的，因此本书使用明瑟模型的半对数工资方程形式：

$$\ln(y_i) = \alpha + \beta x_i + \mu_i \tag{4-1}$$

式（4-1）中，$\ln(y_i)$ 为被解释变量，表示流动人口月工资收入的对数，x_i 是影响流动人口收入的解释变量向量，μ_i 是随机误差项。

2. 分解方法

在基于收入决定方程的基础上，不同学者使用的回归分解方法不尽相同。万（Wan，2002，2004）经过对各种分解方法的比较研究，得出夏洛克斯（1999）提出的夏普利值分解方法更合理，因为基于收入决定方程的夏普利值回归分解方法受限较少，一方面能够克服按人群分解的连续变量问题、内生性问题等方面的限制，将各种影响因素对收入不平等的贡献考虑在内；另一方面该方法不限制收入函数的形式和度量收入差距的指标，并且能够很好地处理收入方程中常数项和残差项的贡献问题。由于收入决定方程是半对数形式，如果直接对收入的对数进行分解，会造成收入变量分布的扭曲，因此，对收入决定方程两边同时取指数，待分解的收入方程变形为：

$$y_i = \exp(\alpha) \times \exp(\beta x_i) \times \exp(\mu_i) \tag{4-2}$$

式（4-2）中，$\exp(\alpha)$ 是常数项，在运用收入差距的相关指标时，能够直接从方程中去除而对分解结果不产生任何影响；对于残差对收入差距的影响，通常的做法是用原始收入的收入差距指标减去残差 $\mu=0$ 时的收入差距指标，所以残差的影响即为模型中解释变量所不能解释的收入差距大小。理想状态下的残差的解释程度为零，解释变量对收入差距指标的解释程度为100%，收入函数的拟合效果最好，但是一般情况下残差很少为0，所以需要对残差对收入差距的影响进行分析，用残差的影响与总的收入差距的比值衡量，1减去该比值即为模型的全部解释变量对收入差距的解释程度。

该分解方法的基本原理可以表述为：在收入差距的形成过程中，某个变量对收入差距的贡献取决于两个方面：一是该变量与收入差距的相关系数，即该变量与收入的偏相关系数，其大小可用该变量在收入决定方程中的回归系数来衡量，在收入分布确定的情况下，偏相关系数越大，则该变量对收入差距的贡献越大，反之则相反；二是该变量自身的分布情况，在偏相关系数一定的情况下，若该变量自身分布离散程度比较大，则其对收入差距的贡献也较高。因此，如果一个变量在收入决定方程中的回归系数接近于0，并且自身分布比较均匀，则其对收入差距的贡献可以忽略不计。

（二）流动人口收入的主要影响因素

流动人口的收入高低受其自身所拥有的人力资本、社会资本、个人特征因素的影响，同时不同的就业身份、务工区域、从事行业、职业、单位特征等因素也会对流动人口收入产生一定的影响，另外本书还考察了幸福感对流动人口收入的影响。

1. 区域变量

流动人口分布在全国各地，由于各地人文地理环境等地域差异较大，经济发展水平存在较大差异，从而流动人口收入水平受区域变量的影响，龚斌磊等（2010），周小刚、李丽清（2012）曾对区域分割与流动人口收入差异问题做过深入研究。根据全国区域划分标准，将分布在全国各个省份的流动人口根据流入地进行合并划分，分为东部、中部、西部，由流动人口收入的分区域描述统计分析可以看出，流入到中部和西部的流动人口收入差异较小，所以将中部和西部合并为中西部，并将其作为区域变量的参照组。

2. 个人特征

流动人口个体所拥有的特征变量包括性别、年龄、民族、户籍、婚姻状况等，流动人口持有的个人特征对其收入的影响不容忽视。流动人口的性别工资差异长期存在，是劳动力市场上的普遍现象，以女性流动人口为参照组；年龄与收入之间呈倒“U”型关系，即随着年龄的增长，流动人口的工作经验更加丰富，收入呈增加态势，到中年达到顶峰，之后身体状况开始下降，劳动的边际生产率递减，收入将不再增长，并呈缓慢下降趋势；民族变量将汉族以外的其他少数民族进行合并为少数民族，作为民族变量的参照组；户籍划分为农业户口和非农业户口，非农户口的流动人口在城镇劳动力市场上享受更多的公共服务，从事的工作类型更加体面，而农业户口的流动人口在城镇劳动力市场上不占有任何优势，本书以农业户口为参照组；婚姻状况中将初婚、再婚、离婚、丧偶合并为已婚，并作为婚姻状况的参照组，婚姻状况对流动人口收入的影响在于已婚的流动人口生活更加稳定，为了家庭的幸福，工作更愿意付出，而未婚流动人口生活压力较小，可能挣钱的欲望不那么强烈。

3. 人力资本

个体的人力资本差异表现为劳动质量的差异，即蕴含在个体自身中的各种生产知识和技能存在差异，较高的人力资本一般对应着较高的劳动生产率，从而对个人收入产生正面影响，本书用受教育程度变量来测度流动人口的人力资本，并以哑变量的形式纳入收入方程，分为未上过学、小学、初中、高中、中专、大学专科及以上六组，以未上过学为参照组。

4. 流动范围

流动范围是流动人口现居住地距离户籍地的范围，分为跨省流动、省内跨市、市内跨县，将省内跨市和市内跨县合并为省内流动，以省内流动为参照组，一般来说，省内流动的流动人口收入没有跨省流动的收入高，因为流动人口作为理性的经济人，他们选择跨省流动的原因，就在于流入地的省份能获得较高的收入。

5. 工作类型

流动人口的工作类型，分别从行业分类、职业类型、单位性质三大类进行测度，不同工作类型的流动人口收入存在显著差异，对流动人口收入必然具有一定的影响。按不同行业分为农林牧渔业、制造业、建筑采掘及电力水生产供应业、批发零售业、住宿餐饮业、社会服务及其他服务业，以农林牧渔业为参照组①；按职业类型分为国家机关、党群组织、企事业单位负责人、专业技术人员、公务员、办事人员和有关人员、商业、服务业人员、生产、运输设备操作及有关人员、农林牧渔水利业生产人员，以农林牧渔水利业生产人员为参照组；单位性质分为机关事业单位、国有和集体企业、民营个体、三资企业，以机关事业单位为参照组。

6. 社会资本

社会资本是流动人口所有社会关系的总称，主要指流动人口在工作之余来往最多的人，不少学者研究发现，社会资本有助于提高居民的收入水平，并且对收入差距的贡献较高（Narayan & Pritchett，1997；赵剑治、陆铭，2009），以2013年流动人口动态监测调查问卷中的问题“业余时间在本地和谁来往最多”作为社会资本的观测变量，回答包括“户口在本地的同乡”“户口在老家的同乡”“其他本地人”“其他外地人”“很少与人来往”五类，将“户口在本地的同乡”和“户口在老家的同乡”合并为“同乡”，将“其他本地人”和“其他外地人”合并为“其他人”，以“很少与人来往”为参照组。

7. 个人身份

流动人口可以选择的就业方式可以是雇员、雇主、自营劳动者、家庭帮工，其中家庭帮工可以归并到雇员类型中，由不同身份的流动人口收入描述统计及差异显著性检验可以看出，不同的就业身份影响流动人口的收入，一般来说雇主和自营劳动者的收入水平比雇员的收入水平高，本书以雇员为参照组，研究流动人口的就业身份对收入的影响。

8. 主观幸福感

主观幸福感是一种主观心理感知，属于心理资本的维度之一。路桑斯（Luthans，

---

① 因为虚拟变量的参照组可能为收入较低（或较高）的组，于是在变换参照组时，相当于给每个组的样本加上（或减去）了一部分收入。这会通过该哑变量的系数影响其在总收入中的相对大小。根据收入差距的度量指标的定义，虚拟变量参照组的变换就会影响到分解的结果。为了最大限度地减少虚拟变量选择对本书结论的影响，在参照组的选择时都以收入最低的组作为参照组。

2005）认为，心理资本是基于积极组织行为学标准的核心积极心理状态，是一种重要的个人积极心理能力，是个体在特定的情境下对待任务、绩效和成功的一种积极状态，是一个由多种因素构成的综合体，这种心理资本的测量方法是目前最具效度和信度的方法，其实用性和科学性受到大家的公认。从心理学角度分析，提高流动人口的主观幸福感，有利于流动人口的心理健康和社会认同感，增加劳动积极性，更好地应对工作和生活中的各种逆境和难题，提高劳动生产率，从而有利于提高其收入水平。本书以“与老家相比，您现在是否感觉幸福?”作为主观幸福感的观测变量，将回答为“很幸福”“幸福”合并为“感觉幸福”，用1表示；将回答为“一般”“不幸福”“很不幸福”合并为“感觉不幸福”，用0表示。

二、解释变量内生性检验

明瑟收入决定模型在解释变量为外生变量的前提下直接采用OLS方法进行估计，如果存在内生变量，则OLS法的估计结果是非一致的，所以对解释变量的内生性检验是必要的。以往的经验研究大多将教育变量作为内生变量处理（Angrist & Krueger，1991；Chen & Hamori，2009；姚先国等，2006；王德文等，2008；吴要武，2008；孙志军、杜育红，2009），并直接用工具变量法对收入方程进行估计，然而要想找到一个好的工具变量并非易事，并可能在原来有偏估计问题的基础上带来弱工具变量问题，而弱工具变量将会使得估计结果比问题处理之前更加糟糕（Bound et al.，1995）。鉴于本书的数据特征，参照吴要武（2008）的做法，选择“出生季度”作为受教育年限的工具变量，运用Hausman检验方法检验教育变量的内生性，“出生季度”变量分为“出生在9月份之前”，赋值为1；“出生在9月份之后”，赋值为0。

豪斯曼检验结果显示雇员流动人口的教育变量为外生变量，这与以往经验研究中教育变量内生性的检验结果差异较大，但是考虑到样本数据的特殊性，流动人口中的雇员大多为农民工，教育投资意识相对薄弱，只是机械性地或者跟风接受教育，不会因为个人能力较强或者家庭收入较高就可以接受更高的教育，简言之，雇员的教育与无法观测到的个人能力等变量的相关性非常弱，所以直接将雇员的教育变量视为外生变量纳入收入方程。

而豪斯曼检验结果同时显示就业身份为雇主的流动人口教育变量为内生变量，与以往经验研究检验结果一致，进一步选取“出生季度”作为工具变量，运用两阶段最小二乘法（TSLS）对雇主的明瑟收入方程估计。TSLS估计结果显示，雇主收入方程中各变量的回归系数多数发生了较大变化，教育收益率由OLS估计的3.66%骤增到63.54%，而我国居民个人的教育收益率基本保持在10%以下，所以 TSLS 法估计出的 63.54% 的教育收益率明显与中国国情严重不符；另外，通过将其他变量的回归系数与 OLS 估计结果对比，并根据现有研究结果和经验判断，OLS 估计结果更符合流动人口收入现实，所以将雇主的教育变量视为内生变量、选取“出生季度”作为工具变量、运用 TSLS 的估计结果效果较差，原因可能是“出生季度”并不是教育变量的强工具变量，但是鉴于数据的限制，又没有更好的工具变量对教育的内生性进行处理。因此，本书将雇主的教育变量也作为外生变量进行处理，直接用 OLS 法估计明瑟工资收入方程。

三、收入决定模型

通过对 112474 个流动人口样本的相关变量指标进行 OLS 回归，得到流动人口的明瑟收入决定模型（见表 4－1），模型的可决系数达到 0.239，回归效果较好，下面分析各变量如何影响流动人口的收入水平。

表 4－1　　　　收入决定模型的估计结果

解释变量		回归系数	估计标准误
区域		0.1554***	0.0040
性别		0.1906***	0.0035
民族		0.0334***	0.0076
年龄项	年龄	0.0353***	0.0015
	年龄的平方	－0.0005***	0.0000
受教育程度（以未上过学为参照组）	小学	0.0615***	0.0159
	初中	0.1591***	0.0154
	高中	0.2354***	0.0159
	中专	0.2437***	0.0168
	大学专科及以上	0.4355***	0.0167
户籍状况		0.0778***	0.0051
婚姻状况		－0.0793***	0.0057
流动范围		0.1026***	0.0039
从事行业（以农林牧渔业为参照组）	制造业	0.0782***	0.0274
	建筑采掘及电力水生产供应业	0.2454***	0.0276
	批发零售业	0.1127***	0.0273
	住宿餐饮业	0.0937***	0.0275
	社会服务及其他服务业	0.0969***	0.0272

续表

解释变量		回归系数	估计标准误
职业（以农林牧渔水利业生产人员为参照组）	生产、运输设备操作及有关人员	0.2251 ***	0.0282
	商业、服务业人员	0.1282 ***	0.0281
	公务员、办事人员和有关人员	0.3000 ***	0.0310
	专业技术人员	0.3183 ***	0.0286
	国家机关、党群组织、企事业单位负责人	0.5020 ***	0.0363
单位性质（以机关事业单位为参照组）	国有和集体企业	0.1686 ***	0.0132
	民营个体	0.1626 ***	0.0122
	三资企业	0.2820 ***	0.0146
就业身份（以雇员为参照组）	雇主	0.4904 ***	0.0059
	自营劳动者	0.2725 ***	0.0051
每天工作时间		0.0115 ***	0.0009
社会资本（以很少与人来往为参照组）	与同乡来往最多	0.0876 ***	0.0060
	与同乡之外的其他人来往最多	0.0652 ***	0.0058
主观幸福感（以感觉不幸福为参照组）		0.0472 ***	0.0034
常数项		6.0548 ***	0.0367
样本容量		89651	
R^2		0.239	

注：*** 表示在 0.01 的显著性水平下显著。

（一）区域变量

区域变量对流动人口收入的影响在 1% 的显著性水平下高度显著，东部地区的流动人口比中西部地区的流动人口收入高 15.54%，这也是我国多半的流动人口涌向东部城市工作的原因，为了使流动人口的资源合理分布，平衡各个地区的经济发展水平和流动人口工资待遇，是提高流动人口收入水平的重要措施。

（二）个人特征

年龄及年龄的平方项对流动人口收入的影响在 1% 的显著性水平下高度显著，年龄项的一次项系数为正，年龄平方项的系数为负，说明流动人口收入随着年龄的增长呈现先上升后下降的倒“U”型特征，即青年流动人口由于其具有较好的体力，并在劳动过程中逐渐积累经验，收入水平呈现上升趋势，在 35 岁达到最高点，收入水平最高，其后随着身体状况的逐渐老化，虽然经验更多，但是身体状况的老化所带来的收入水平的下降快于经验带来的收入增长，从而使得收入水平总体呈缓慢下降。性别变量在流动人口收入方程也是高度显著，回归系数0.1906，说明男性比女性流动人口的收入平均高出19.06%，显示性别收入差距在流动人口内部同样存在，并且很严重。民族变量的回归系数0.0334，在1%的显著性水平下高度显著，说明汉族和少数民族流动人口收入存在显著差异，但是相差的数量不大，汉族比少数民族流动人口的收入高出3.34%。户籍变量在1%的显著性水平下高度显著，非农户口的流动人口收入平均比农业户口的流动人口收入高7.78%，说明城镇流动人口比农民工在城镇劳动力市场享受更好的工资待遇，不同户口的流动人口收入存在着差异。婚姻状况在1%的显著性水平下高度显著，未婚的青年流动人口比已婚流动人口收入低7.93%，一方面是因为未婚青年的年纪较轻经验不足，另一方面是未婚青年相对于已婚流动人口的生活压力更小，所以收入水平普遍比已婚流动人口的收入水平低。

（三）教育

教育是重要的人力资本，是提高劳动生产率的关键因素，但流动人口的受教育水平普遍低于城镇居民。在流动人口收入决定模型中，各个阶段的受教育水平变量都在1%的显著性水平下高度显著，与未上过学的流动人口相比，小学、初中、高中、中专、大专及以上的流动人口收入分别高出6.15%、15.91%、23.54%、24.37%、43.55%，说明随着流动人口受教育程度的提高，流动人口的收入呈现快速上升趋势，尤其是高等教育对流动人口收入的影响程度非常大，所以千方百计提高流动人口的受教育水平，尤其是提供高等教育机会是提高流动人口收入的重要举措。

（四）流动范围

回归结果显示，流动范围对流动人口收入的影响在1%的显著性水平下高度显著，跨省流动的流动人口比省内流动的收入平均高10.26%，而这些跨省流动的流动人口一般是由经济相对落后省份流向经济发达省份，所以其收入水平比省内流动人口的收入更高，这也是流动人口收入差距产生的原因之一。

（五）从事行业

回归结果显示，各类行业在1%的显著性水平下高度显著，说明不同行业的流动人口收入差异明显，以农林牧渔业为参照组，制造业的流动人口收入高7.82%，建筑采掘及电力水生产供应业的流动人口收入高24.54%，批发零售业的流动人口收入高11.27%，住宿餐饮业的流动人口收入与批发零售业的流动收入相差不大，比农林牧渔业高9.37%，社会服务及其他服务业的流动人口收入最高，比农林牧渔业高9.69%，说明从事制造业或建筑业等体力要求较高行业的流动人口，其收入并没有因为消耗更多的体力劳动而比其他服务性行业高，只有那些掌握了相关的技术，从事社会服务及其他服务业的流动人口才能获得较高的收入。

（六）职业类型

流动人口的职业类型变量在1%的显著性水平下高度显著。以农林牧渔水利业生产人员为参照组，生产、运输设备操作及有关人员的回归系数为0.2251，表明生产、运输设备操作及有关人员的收入比农林牧渔水利业生产人员高22.51%；商业、服务业人员的收入比农林牧渔水利业生产人员高12.82%；公务员、办事人员和有关人员的收入比农林牧渔水利业生产人员高30%；专业技术人员的收入比农林牧渔水利业生产人员高31.83%；国家机关、党群组织、企事业单位负责人的收入比农林牧渔水利业生产人员高50.20%，为所有职业中收入最高的职业，但是该类职业的流动人口比例较低。

（七）单位性质

回归结果显示，单位性质变量在1%的显著性水平下高度显著。以机关事业单位的流动人口为参照组，国有和集体企业的流动人口收入的回归系数为0.1686，民营个体企业的流动人口收入与国有和集体企业流动人口的收入相差不大，回归系数为0.1626，三资企业中的流动人口收入最高，回归系数为0.2820，所以不管是城镇劳动力还是流动人口都更倾向于流向外资企业，其有效的员工激励措施，是促使员工更加辛勤工作、提高生产效率和收入水平的不竭动力。

（八）就业身份

流动人口在流入地的就业方式一般有三种：雇员、雇主和自营劳动者，雇员和雇主是被雇用和雇用的关系，自营劳动者是一种自我雇用、自负盈亏的经营方式，三种就业方式的不同产生的收入也有一定差异，以雇员为参照组，雇主和自营劳动者的收入比雇员分别高49.04%和27.25%，回归结果在1%的显著性水平下高度显著。

（九）社会资本

流动人口在流入地工作生活，其社会关系网络会与在老家存在一定差异，除了要与老乡打交道，还要与本地人及一些其他外地人打交道，由此形成新的社会资本，社会资本不同，收入水平也存在一定差异。以很少与人来往为参照组，与同乡来往最多的流动人口收入高8.76%，与其他本地人和外地人来往最多的流动人口收入高6.52%，说明建立必要的社会资本对于提高流动人口收入还是很有必要的。

（十）主观幸福感

回归结果显示，流动人口在流入地是否感觉幸福对流动人口收入有一定的影响，在1%的显著性水平下高度显著，与感觉不幸福的流动人口相比，自我感觉幸福的流动人口收入平均高4.72%，所以应消除对流动人口的政策歧视，提高流动人口的主观幸福感，使其在流入地城市感受到比老家更幸福，从而激励其更加努力地工作，提高生产效率，为城市的发展做出更大的贡献。

四、基于夏普利值的回归分解

本书选择最常用的收入差距测度指标基尼系数对流动人口收入差距进行分解，计算得出全部流动人口收入差距的基尼系数为0.3204，残差为0.1632，收入决定方程中被自变量解释部分的比例为49.05%，接近50%，说明收入函数中的解释变量对收入差距的解释效果较好，为保证将要进行的分解提供了可靠依据。

联合国世界发展经济学研究院（UNU－WIDER）开发的基于夏普利值回归分解方法的Java程序，涉及很多轮的运算，变量个数每增加一个，会使程序的运算量呈现几何级数递增，尤其是当变量达到10个以上时，将很难运行出结果，所以我们在分解时对相关变量进行了合并处理。将年龄项、性别、民族、婚姻状况、流动范围、工作时间、社会资本合并为个人特征变量，将不同的行业、职业、就业身份、单位性质、受教育程度等哑变量分别进行合并，流动人口的务工区域、户籍性质和主观幸福感单独考察，这样最终保留了个人特征、行业变量、职业变量、就业身份、单位性质、受教育程度、务工区域、户籍性质、主观幸福感九个变量，在不影响分解结果的前提下重点分析这九个主要解释变量对流动人口收入差距的贡献度（见表4－2）。

表4－2　流动人口收入差距的回归分解结果

变量	绝对贡献	相对贡献（%）	排名
主观幸福感	0.0030	1.89	9
务工区域	0.0140	8.88	4
个人特征	0.0423	26.94	2
行业	0.0074	4.72	6
职业	0.0118	7.48	5

续表

变量	绝对贡献	相对贡献（%）	排名
就业身份	0.0464	29.50	1
单位性质	0.0047	2.97	8
户籍性质	0.0050	3.17	7
受教育程度	0.0227	14.45	3
总计	0.1572	100	

第一，流动人口收入差距的回归分解结果与其他类型劳动力的收入差距回归分解结果差异较大，对流动人口收入差距的贡献排在第一位的是流动人口的就业身份，绝对贡献为0.0464，相对贡献为29.50%，接近1/3，说明流动人口与其他类型的劳动力不同，就业身份是造成其群体内收入差距的最关键因素，收入方程中的回归系数也显示，雇主比雇员的收入平均高49.04%，自营劳动者比雇员收入平均高27.25%，所以在劳动力市场中就业身份是决定流动人口未来收入层次的决定因素。

流动人口的个人特征和受教育程度对收入差距的贡献分别排在第二位和第三位，个人特征主要包括年龄项、性别、民族、婚姻状况、流动范围、工作时间、社会资本等变量，从回归系数可以看出，性别变量和流动范围的回归系数都比较大，说明在个人特征的贡献中性别和流动范围的贡献较多，流动人口中的性别收入差异仍然是亟待解决的问题，并且对女性流动人口的性别歧视将不利于实现男女平等；鉴于流动范围对收入差距的贡献，应该多鼓励经济欠发达地区的流动人口更多地流向经济发达省份，这对于提高流动人口的整体收入水平，缩小该群体内部的收入差距都具有非常重要的现实意义。

第二，对流动人口收入差距的贡献度排在第二梯队的是务工区域变量、职业变量、行业变量。由于中国经济发展长期存在着地域差异性，东部沿海地区的发展速度快于中、西部地区，所以流入东部地区的流动人口收入比中、西部地区平均高15.54%，从而区域变量对流动人口收入差距的贡献额达到0.0140，相对贡献额度为8.88%；流动人口从事的职业不同对其收入差距的贡献额为0.0118，相对贡献额度为7.48%，在所有因素贡献中位于中间，说明流动人口的职业不同所产生的收入差距也是不容忽视的，缩小流动人口的收入差距，需要流动人口逐渐掌握更多的科学技术，跻身于技术人员或者专业负责人的行列；流动人口从事的不同行业对流动收入差距的绝对贡献和相对贡献额分别为0.0074和4.72%，说明流动人口群体内部的行业差距并不是很明显，这是流动人口收入的行业差距区别于其他类型劳动力的特征，原因是流动人口从事的行业大多为制造业和住宿餐饮业，而这些行业的工资水平都不高，并且不同劳动者之间的收入差异也较小，所以由于流动人口从事行业范围的狭隘性，行业不平等和行业收入差距表现不明显。

第三，流动人口收入差距的影响因素排在第三梯队的是户籍性质、单位性质和主观幸福感。与城乡收入差距产生的原因不同，户籍对流动人口的收入差距影响不大，相对贡献额度仅为3.17%，远小于城乡收入差距中户籍特征的贡献度；单位性质对流动人口收入差距的贡献也较小，仅为2.97%，原因也是因为流动人口大多在个体工商户和私营企业上班，少数在三资企业和国有集体企业上班的流动人口收入也都相差不多，归根结底还是因为流动人口工作性质的单一化和低收入特征，致使单位性质对收入差距的贡献度很低；流动人口的主观幸福感虽然是影响流动人口收入的显著因素，但是却对流动人口收入差距的贡献极小，排在最后一位，说明虽然主观幸福感对流动人口的身心健康有很大的影响，对其收入分配差距的贡献程度却不高，但是我们还是要继续关注流动人口的主观幸福感，这将关乎社会的稳定和国家的和谐发展。

第二节　不同就业身份的流动人口收入差异研究

流动人口的就业方式主要表现为雇员、雇主和自营劳动者，2013年流动人口动态监测调查的数据显示，雇员的比例最大，为63.81%，占一半以上；其次是自营劳动者，占23.34%；雇主的比例相对较少，占11.93%。通过描述统计发现雇主和雇员的收入差距最大，自营劳动者的收入位于两者之间，由于自营劳动者的收入统计受多方面因素的干扰，统计误差较大，收入数据的可信度没有雇主和雇员的可信度高，并且雇主和雇员之间的收入差异的显著性更强，所以本书重点研究雇主和雇员之间的收入差异及相关问题。

通过本章第一节的回归分解结果发现，流动人口的就业身份对收入差距的贡献最大，所以研究不同就业身份流动人口之间的收入差异就尤为重要。国内已有文献对雇主与雇员之间关系的研究都是从雇主和雇员责任义务方面进行探究，缺少雇主和雇员收入分配差距的文献，尤其是流动人口中的雇主和雇员的收入差距问题研究更是少见。本节以流动人口中的雇主和雇员为研究对象，考虑样本自选择问题，采用李（Lee，1979）和马达拉（Maddala，1983）提出的转换回归模型，估计雇主和雇员的收入决定模型，探讨雇主内部和雇员内部收入差距产生的原因及各因素的贡献额度。

一、赫克曼两步法

第一步，建立一个选择方程。

本书采用的选择方程是截面的 Probit 模型，首先设置一个二值变量 EM，当流动人口的就业方式为雇主时，$EM=1$；当流动人口的就业方式为雇员时，$EM=0$。假设 EM 所对应的潜变量为 EM^*，则：

$$EM^* = Z_i\gamma + \nu_i \tag{4-3}$$

式（4-3）中，当 $EM^*>0$ 时，$EM=1$；$EM^*<0$ 时，$EM=0$。Z_i 为影响流动人口选择就业方式概率的解释变量向量，γ 为与之对应的系数向量，ν_i 为残差项。

则可建立如下形式的 Probit 模型：

$$\text{prob}(EM=1) = \Phi(Z_i\gamma) \tag{4-4}$$

$\text{Prob}(EM=1)$ 为流动人口选择就业方式为雇主的概率，取值范围为大于 0 小于 1。

第二步，计算得到样本选择偏差的纠正系数逆 Mills 比率，引进逆 Mills 比率对收入方程重新进行 OLS 估计。

设 $\phi_i=\phi(Z_i\gamma)$ 为标准正态分布随机变量的累积分布函数，$\varphi_i=\varphi(Z_i\gamma)$ 为标准正态分布随机变量的密度函数，则雇主和雇员的逆 Mills 比率的计算式分别为 $\frac{\varphi_i}{\phi_i}$、$\frac{\varphi_i}{1-\phi_i}$，在原收入方程的基础上引入逆 Mills 比率后雇主和雇员的明瑟收入方程分别为：

$$\ln wage_{gz} = X_i\beta_{gz} + \delta_{gz}\left(\frac{\varphi_i}{\phi_i}\right) + \xi_{gz} \tag{4-5}$$

$$\ln wage_{gy} = X_i\beta_{gy} + \delta_{gy}\left(\frac{\varphi_i}{1-\phi_i}\right) + \xi_{gy} \tag{4-6}$$

式（4-5）和式（4-6）中，$\ln wage$ 为对数收入，X_i 为相应的解释变量，$\frac{\varphi_i}{\phi_i}$、$\frac{\varphi_i}{1-\phi_i}$ 为修正项，ξ 为不能被解释变量和修正项解释的残差项部分。其中 X 必须是 Z 的严格子集，也就是说，收入方程的解释变量 X 中的任何一个变量，也必须是选择方程的解释变量，并且选择方程中的解释变量至少有一个不在收入方程的解释变量中。这是估计结果可信的前提之一。

二、就业方式选择方程的估计

（一）变量选取

由于本节研究的是不同就业身份的流动人口中雇主收入差距和雇员收入差距及各影响因素对收入差距的贡献差异，所以只保留就业身份为“雇主”和“雇员”的样本，解释变量除了包括收入方程中的区域变量、年龄和年龄平方项、性别、民族、受教育程度、户籍、婚姻、流动范围、从事行业、职业、单位类型、工作时间、社会资本、心理资本之外，根据赫克曼两步法变量选取的要求，Probit选择方程中还纳入了两个对流动人口收入没有影响、但是对就业方式的选择概率有影响的反映个人意愿的变量，在问卷中的问题一为“如果没有任何限制，您是否愿意把户口迁入本地?”，回答包括“愿意”“不愿意”“没想好”，以“没想好”为参照组；问题二为“您是否打算在本地长期居住（5年以上）?”，回答包括“打算”“不打算”“没想好”，以“没想好”为参照组。这两个指标都表达出流动人口定居城市的意愿，定居意愿对就业方式的选择概率表现为积极影响，所以把这两个指标纳入选择方程中。

（二）选择方程

赫克曼选择模型的第一步是估计出选择方程，估计结果如表4－3所示。通过对就业方式选择方程的识别变量运用极大似然估计法进行Probit估计，得出模型的似然比统计量为25684.25，在1%的显著性水平上显著，Pseudo R^2 为0.3508，模型的拟合优度较高，说明模型的整体效果较好。

表4－3　就业方式选择的probit方程

解释变量		回归系数	估计标准误
区域		-0.2423***	0.0146
年龄项	年龄	0.1063***	0.0062
	年龄的平方	-0.0013***	0.0001
性别		0.3082***	0.0139
民族		0.0089	0.028
受教育程度（以未上过学为参照组）	小学	-0.0159	0.0561
	初中	0.1019*	0.0544
	高中	0.0715	0.0565
	中专	0.0482	0.0609
	大学专科及以上	0.0139	0.0601
户籍状况		0.0400**	0.0192
婚姻状况		-0.7746***	0.0233
流动范围		0.0842***	0.0143

续表

解释变量		回归系数	估计标准误
从事行业（以农林牧渔业为参照组）	制造业	-0.7053***	0.0966
	建筑采掘及电力水生产供应业	-0.6945***	0.0968
	批发零售业	0.3576***	0.0959
	住宿餐饮业	-0.4555***	0.0964
	社会服务及其他服务业	-0.4413***	0.0954
职业（以农林牧渔水利业生产人员为参照组）	生产、运输设备操作及有关人员	-0.4517***	0.0975
	商业、服务业人员	0.5254***	0.0967
	公务员、办事人员和有关人员	-0.4766***	0.138
	专业技术人员	-0.2146**	0.1004
	国家机关、党群组织、企事业单位负责人	0.8052***	0.1206
单位性质（以机关事业单位为参照组）	国有和集体企业	0.2657***	0.0724
	民营个体	1.0686***	0.066
	三资企业	-0.1878*	0.1072
每天工作时间		0.1634***	0.0036
社会资本（以很少与人来往为参照组）	与同乡来往最多	0.0343	0.0235
	与同乡之外的其他人来往最多	0.0204	0.0229
主观幸福感		0.1621***	0.0142
是否愿意把户口迁入本地		0.0592***	0.0092
是否打算在本地长期居住		-0.1053***	0.0089
常数项		-5.5082***	0.152
样本容量		82373	
Pseudo R^2		0.3508	

注：***、**和*分别表示在0.01、0.05和0.10的显著性水平下显著。

从个体特征变量来看，中、西部的流动人口更倾向于选择自主创业，雇用他人为自己工作，即选择雇主身份的概率较大；随着年龄的增长，流动人口选择雇主身份的概率呈现出倒“U”型特征，即在年轻时，随着从业经验的积累，会倾向于选择雇主身份，但是随着年龄的进一步增长，可能出现力不从心或者更追求稳定的工资性收入，而选择雇员的身份；与女性流动人口相比，男性流动人口选择雇主身份的概率要大得多；汉族和少数民族流动人口在选择就业身份的差异不明显；不同受教育程度的流动人口对就业方式的选择差异也不明显，因为作为一个雇主，除了需要管理才能，最主要的还要有足够的资金支撑；非农户籍的流动人口选择雇主身份的概率更高，农业户籍的流动人口大多抱着到城市谋求一份工作的态度，更多的是作为一名雇员身份；未婚的流动人口比已婚流动人口选择雇主身份的概率低，原因可能是流动人口中的未婚者一般较为年轻，缺少社会和工作经验，资金支持也不够雄厚，因此已婚流动人口选择雇主身份的概率更大；行业、职业、单位性质对流动人口就业身份选择的概率受各行业、职业、单位性质的利润差异的影响，大小和方向各异；流动人口的幸福感程度越强，选择雇主身份就业的概率就越大；愿意把户口迁入本地的流动人口选择雇员身份就业的概率越大，而长期居住意愿却与此相反，打算在本地长期居住的流动人口选择雇主身份就业的概率较之雇员身份的概率大。

三、收入决定模型

根据就业方式选择方程，计算出雇主和雇员的逆 Mills 比率，为了解决流动人口就业方式选择的样本选择问题，将逆 Mills 比率纳入收入方程中，重新对就业身份为雇主和雇员的流动人口收入方程进行 OLS 估计，估计结果如表 4－4 所示。

表 4－4 雇主和雇员的收入决定方程

解释变量		雇主		雇员	
		回归系数	标准误	回归系数	标准误
区域		0.1399***	0.0182	0.1482***	0.0039
年龄项	年龄	0.0417***	0.0078	0.0369***	0.0014
	年龄的平方	－0.0005***	0.0001	－0.0005***	0
性别		0.1714***	0.0178	0.2081***	0.0037
民族		0.0256	0.0348	0.0352***	0.0063
受教育程度（以未上过学为参照组）	小学	0.0643	0.0687	0.0782***	0.0139
	初中	0.2023***	0.0664	0.1478***	0.0135
	高中	0.3046***	0.0689	0.2158***	0.014
	中专	0.3088***	0.0742	0.2288***	0.0146
	大学专科及以上	0.4700***	0.0729	0.4174***	0.0145
户籍状况		0.1338***	0.0244	0.0637***	0.0047
婚姻状况		－0.0964***	0.0293	－0.0585***	0.0061
流动范围		0.1167***	0.0178	0.1147***	0.0036

续表

解释变量		雇主		雇员	
		回归系数	标准误	回归系数	标准误
从事行业（以农林牧渔业为参照组）	制造业	0.3581***	0.0501	0.0416	0.0259
	建筑采掘及电力水生产供应业	0.3957***	0.0496	0.2318***	0.026
	批发零售业	0.3157***	0.0511	0.0893***	0.0265
	住宿餐饮业	0.1917***	0.0472	0.0645**	0.0262
	社会服务及其他服务业	0.1743***	0.046	0.0952***	0.0258
单位性质（以机关事业单位为参照组）	国有和集体企业	0.2284**	0.1072	0.1602***	0.0099
	民营个体	0.097	0.0963	0.1561***	0.0105
	三资企业	0.4310**	0.1698	0.2748***	0.011
每天工作时间		0.0216***	0.0048	0.0171***	0.0013
职业（以农林牧渔水利业生产人员为参照组）	生产、设备操作人员			0.1167***	0.0257
	商业、服务业人员			-0.0057	0.0258
	公务员、办事人员			0.1999***	0.0275
	专业技术人员			0.2155***	0.0259
	国家机关、党群组织、企事业单位负责人			0.3496***	0.032
社会资本（很少与人来往为参照组）	与同乡来往最多	0.1517***	0.0304	0.0634***	0.0059
	与其他人来往最多	0.1240***	0.0295	0.0410***	0.0057
主观幸福感		0.0919***	0.0178	0.0372***	0.0033
逆 Mills 比率		-5.2817**	2.0983	0.0109**	0.0053
常数项		6.2709***	0.2012	6.1025***	0.0324
样本容量		6681		65758	
R^2		0.122		0.295	

注：***、** 分别表示在 0.01、0.05 的显著性水平下显著。

由于雇主的身份一般为管理人员，不存在不同职业的划分对其收入的影响，所以雇主的收入决定模型中影响因素不包括职业类型，其他影响因素在雇主和雇员中一致。OLS 的估计结果显示，逆 Mills 比率在雇主和雇员的收入决定模型都在 5% 的显著性水平下显著，说明流动人口就业方式的样本选择存在问题，运用逆 Mills 比率修正样本选择问题是必要的，从而提高估计结果的可靠性。

四、回归分解

本节选择最常用的收入差距衡量指标基尼系数对流动人口收入差距进行分解，由计算可得雇主收入差距的基尼系数为0.3875，可以看出雇主之间的收入差距比较大；残差为0.2659，收入决定方程中被自变量解释部分的比例为31.37%，原因在于雇主收入更多地受企业家管理才能和一些不可观测因素的影响，所以解释变量解释比例相对较小。雇员收入差距的基尼系数为0.2630，残差为0.1208，收入决定方程中被自变量解释部分的比例为54.07%，说明收入函数中的解释变量对收入差距的解释效果较好。雇主内部的收入差距和雇员内部的收入差距分解结果如表4－5所示。

表4－5 雇主和雇员的收入差距回归分解结果对比

解释变量	雇主		排名	雇员		排名
	绝对贡献	相对贡献（%）		绝对贡献	相对贡献（%）	
区域	0.0182	14.93	4	0.0155	10.88	5
性别	0.0203	16.67	3	0.0278	19.57	4
教育	0.0261	21.48	1	0.0280	19.72	3
行业	0.0126	10.35	5	0.0360	25.35	1
主观幸福感	0.0069	5.65	7	0.0021	1.50	6
个人特征	0.0247	20.33	2	0.0300	21.09	2
社会资本	0.0120	9.89	6	0.0022	1.52	7
自选择因素	0.0009	0.70	8	0.0005	0.38	8
合计	0.1216	100.00		0.1422	100.00	

由于前述的收入决定方程和回归分解结果都显示性别因素对流动人口收入的影响程度非同一般，所以在此将其单列作为收入差距回归分解的主要变量，接下来分别分析雇主收入差距和雇员收入差距的分解结果。

（一）雇主收入差距的回归分解结果

对雇主内部收入差距的贡献排在第一梯队的是受教育水平、个人特征、性别，其中受教育水平的贡献程度最大，绝对贡献为0.0261，相对贡献21.48%，雇主收入方程中受教育程度的回归系数数值较大，不同等级的受教育程度其收入差异较大，说明雇主的文化背景仍然对其收入起着至关重要的作用；年龄、户籍、婚姻状况、流动范围等特征变量的贡献第二，这些特征变量的回归系数都在1%的显著性水平高度显著，并且对收入的影响程度较大，致使其对收入差距的贡献程度较高；单列的性别因素对雇主收入差距的贡献仍较高，绝对贡献额为0.0203，相对贡献额为16.67%，雇主收入方程中性别变量较大的回归系数与以男性流动人口为主的不均匀性别分布状态的共同作用，使得性别对雇主收入差距的贡献较高，所以雇主内部的性别收入差异不容忽视。

对雇主内部收入差距的贡献排在第二梯队的是区域、行业变量和社会资本。雇主收入决定方程中的区域变量的回归系数为0.1399，并在1%的显著性水平下高度显著，说明东部地区的雇主比中、西部地区的雇主收入高13.99%，从而导致不同区域的雇主收入差距；行业变量的回归系数介于0.1743~0.3957，并且在1%的显著性水平下高度显著，从而从事不同行业的雇主，由于行业收益有别，导致雇主收入差距增大；社会资本与雇主收入的偏相关系数介于0.1240~0.1517，社会资本的增加对提高雇主收入水平具有显著的促进作用，从而社会资本的变化对雇主收入差距的贡献率接近10%。

排在第三梯队的是主观幸福感和自选择因素。雇主的主观幸福感程度对收入差距的贡献度偏低，绝对贡献和相对贡献额仅为0.0069和5.65%，这从雇主收入方程中主观幸福感较小的回归系数能够予以解释，另外雇主之间的主观幸福感程度差别不大也导致主观幸福感对雇主收入差距的贡献度偏低。

（二）雇员收入差距的回归分解结果

对雇员内部收入差距的贡献排在第一梯队的是行业、个人特征和受教育水平，其中行业变量对雇员收入差距的贡献度最高，绝对贡献和相对贡献额分别为0.0360和25.35%，说明行业的选择对雇员来说最为重要，但是雇员收入方程中行业变量的回归系数却普遍偏低，远低于雇主行业变量的回归系数，促成如此高度的贡献度原因在于雇员的行业分布比较集中，而并非平均分布在各个行业，他们重点从事制造业、批发零售业和建筑业等劳动密集型行业，在其他技术型行业中的分布甚微，从而导致行业变量对收入差距的贡献程度最高；雇员的年龄、是否具有城镇户口、工作时间、是否跨省流动等个人特征变量对收入差距的贡献度与雇主比较接近，在影响因素中排名第二；雇员的受教育水平对其收入差距的贡献度虽然位居前列，但仅排名第三，与雇主收入差距中受教育程度的贡献排名第一存在一定差距，原因在于雇员收入方程中各级受教育程度的回归系数普遍低于雇主，从而导致受教育程度对雇员收入差距的贡献度排名比雇主靠后。

排在第二梯队的是性别、区域变量和雇员幸福感。雇员中性别变量对收入差距的贡献程度的绝对额为0.0278，相对贡献度为19.57%，排名第四，在贡献度的排名中低于雇主，但是绝对贡献和相对贡献的数值都高于雇主，所以雇员的性别收入差距同样不可小觑；区域变量对雇员收入差距的贡献程度相对较低，绝对贡献额为0.0155，相对贡献额为10.88%，区域变量对收入差距的贡献程度降低的原因可以归结为随着人口流动的更加自由化，雇员在全国的区域分布较之前均匀，不再大批量地拥挤在东部沿海城市；雇员的主观幸福感对收入差距贡献程度的绝对额和相对额都较低，原因一方面在于雇员收入方程中幸福感的回归系数较小，仅为0.0372，幸福感所带来的收入增加不明显，另一方面在于雇员之间的幸福感相差不大，他们对幸福的感觉大都处于一般的水平，不会感觉到特别幸福，同时也不会感到特别不幸福。

排在第三梯队的是雇员的社会资本和自选择因素。社会资本变量对雇员收入差距的贡献程度无论从绝对贡献还是相对贡献以及排名上，都低于雇主，这主要归因于社会资本的增加带给雇员的收入效应较低，回归系数仅为0.0410～0.0634，显著低于雇主社会资本的回归系数0.1240～0.1517，因此，虽然雇员的社会资本增加对于提高其收入水平有一定的正向作用，但是由于他们的社会资本普遍较匮乏，所以对收入差距的贡献较小。

第三节　本章小结

本章运用基于夏普利值的回归分解技术，首先对中国流动人口内部的收入差距进行分解，得出就业身份是影响流动人口收入差距的关键因素；然后进一步对雇主和雇员两种不同就业身份的流动人口收入差距的影响因素对比分析，研究雇主内部收入差距和雇员内部收入差距的不同影响机制，得出的主要结论如下：

第一，流动人口群体内部的收入差距基尼系数为0.3204，贡献度排在第一梯队的分别是就业身份、个人特征和受教育年限。其中就业身份的贡献最大，绝对贡献额为0.0464，相对贡献额为29.50%，接近1/3，说明流动人口不同于其他类型的劳动力，就业身份是造成其群体内收入差距的最关键因素；性别、年龄、民族、婚姻状况、流动范围、工作时间、社会资本等个人特征变量对流动人口收入差距的贡献排在第二位，其中性别收入差距最明显；受教育年限对流动人口收入差距的贡献排在第三位，提高流动人口的受教育水平仍然是缓解收入差距的重要举措。

第二，对流动人口收入差距的贡献度排在第二梯队的是区域变量、职业类型、从事行业，说明区域分割、职业分割和行业分割虽然是导致流动人口收入差距的主要因素，但已不是决定性因素。排在第三梯队的是户籍性质、单位性质和主观幸福感，户籍性质对流动人口收入差距的贡献远小于城乡收入差距中户籍特征的贡献度；由于流动人口大多在个体工商户和私营企业上班，单位性质的单一化使不同单位性质对流动人口收入差距的贡献不明显；主观幸福感虽然对流动人口的身心健康有很大的影响，但是对其收入差距的贡献却极小。

第三，通过对流动人口的就业身份选择样本偏差进行纠正，分别对雇主内部收入差距和雇员内部收入差距进行测算，结果显示雇主内部的收入差距基尼系数为0.3875，雇员内部收入差距基尼系数为0.2659，雇主内部的收入差距比雇员内部的收入差距大得多。

第四，对雇主内部收入差距的贡献排在第一梯队的是受教育水平、个人特征、性别，其中贡献最大的是受教育水平，说明雇主的文化背景仍然对其收入起着至关重要的作用；年龄、民族、户籍、流动范围等特征变量的贡献第二；单列的性别因素对雇主收入差距的贡献仍较高，绝对贡献额为0.0203，相对贡献额为16.67%，雇主内部的性别收入差异不容忽视。对雇主内部收入差距的贡献排在第二梯队的是区域、行业变量和社会资本，说明雇主不管选择在东部还是中西部创业，以及不论入驻哪个行业，对其收入的影响虽然不可忽视，但已不是至关重要的了；排在第三梯队的是主观幸福感和自选择因素。

第五，对雇员内部收入差距的贡献排在第一梯队的是行业、个人特征和受教育水平，说明行业选择对雇员来说最为重要，同时雇员的年龄、是否具有城镇户口、工作时间、是否跨省流动等个人特征变量，以及受教育水平对雇员收入的影响也较大；排在第二梯队的是性别、区域变量和主观幸福感，说明雇员内部的性别收入差距仍然不可小觑，而雇员的主观幸福感对收入差距的贡献程度有所提高；排在第三梯队的是雇员的社会资本和自选择因素，雇员的社会资本增加虽然有助于提高其收入水平，但是由于他们的社会资本普遍较低，相互之间差别不大，所以对收入差距的贡献较小。

第五章

不同就业身份的流动人口性别收入差距研究

通过本书第四章流动人口收入差距的回归分解分析，得出不同就业身份是造成流动人口群体内部收入差距的决定性因素，不论在雇主内部、雇员内部，还是流动人口群体内部，性别因素对收入差距的贡献都排在前列，这引发笔者进一步探讨流动人口的性别收入差距及成因，以期更加全面地考察流动人口收入差距。而均值分解和分位数分解是研究组群工资差异的两种典型方法，虽然理论发展过程中不断发现新的问题，但是伴随着每一个新问题的解决，收获的是分解理论的日臻完善；分解理论发展的同时带来了其在经济学领域广泛的应用，尤其是将均值分解、分位数分解及两者的结合应用在研究劳动力市场上两个不同群体收入差异的成因分解方面，取得了丰富的代表性成果，但是流动人口群体内部性别工资差异如何呢？差异的原因何在？这些问题至今尚未解决，这即是本章要研究的主要内容。

由于流动人口中雇主和雇员是两种就业身份悬殊的群体，其收入决定机制存在显著的差异，故本书在研究其性别收入差距时将雇主和雇员两个群体分别进行考量。本章接下来的结构安排如下：第一节对雇主和雇员的性别收入差距进行均值分解，并将两者的均值分解结果进行对比研究；第二节对雇主和雇员的性别收入差距进行分布分解，全面考量不同分位点的特征效应和系数效应。

第一节　流动人口性别收入差距的均值分解分析

一、模型设定

雇主和雇员收入决定方程影响因素的选取包括区域变量、个人特征、人力资本、流动范围、工作类型、社会资本和主观幸福感等变量，明瑟工资收入模型形式设定为：

$$\ln(y_i) = \alpha + \beta x_i + \mu_i \tag{5-1}$$

式（5－1）中，$\ln(y_i)$ 为被解释变量，表示流动人口月工资收入的对数，x_i 是影响流动人口收入的解释变量向量，μ_i 是随机误差项。

二、雇主性别收入差距的均值分解分析

（一）男性和女性雇主工资收入方程

通过对男性雇主和女性雇主样本的月工资收入对数进行 OLS 回归（见表 5－1），可得拟合优度 R^2 分别为 0.089 和 0.053，说明男性雇主和女性雇主收入方程中的解释变量的解释效果一般，原因可能是雇主收入受个人特征因素之外的其他因素如个人能力、管理天赋等变量的影响较大，福尔特（Falter，2007）也指出自雇劳动者的收入更多地是由企业家才能和数据噪声等不可观测变量的影响。而模型中由于数据的限制没有将这些变量纳入，从而使得估计效果一般，但是这对本书后续的均值分解影响不大。

表 5－1　雇主明瑟工资收入方程

解释变量		男性雇主		女性雇主	
		回归系数	标准误	回归系数	标准误
区域		0.1528***	0.0158	0.0704***	0.0206
年龄项	年龄	0.0121*	0.0073	0.0374***	0.0113
	年龄的平方	−0.0002**	0.0001	−0.0005***	0.0002
民族		0.0137	0.0341	−0.0796*	0.0428
户籍状况		0.0991***	0.0212	0.1601***	0.0274
婚姻状况		0.1493***	0.0306	−0.0128	0.0438
流动范围		0.1080***	0.0155	0.1634***	0.0203
从事行业（以农林牧渔业为参照组）	制造业	0.5104***	0.0547	0.1522*	0.0849
	建筑采掘及电力水生产供应业	0.5302***	0.0529	0.1828*	0.0944
	批发零售业	0.3256***	0.0481	0.0394	0.0744
	住宿餐饮业	0.3346***	0.0505	0.0829	0.0763
	社会服务及其他服务业	0.3241***	0.0492	−0.0225	0.0761

续表

解释变量		男性雇主		女性雇主	
		回归系数	标准误	回归系数	标准误
单位性质（以机关事业单位为参照组）	国有和集体企业	0.4022 ***	0.1284	0.0181	0.1837
	民营个体	0.1794	0.1146	0.0273	0.1608
	三资企业	0.5498 ***	0.2066	0.1472	0.2946
社会资本（很少与人来往为参照组）	与同乡来往最多	0.1787 ***	0.0271	0.1285 ***	0.0322
	与其他人来往最多	0.1631 ***	0.0265	0.0881 ***	0.0315
主观幸福感		0.0791 ***	0.016	0.0416 **	0.0209
受教育水平		0.0370 ***	0.0034	0.0281 ***	0.0042
每天工作时间		-0.0013	0.0036	-0.0009	0.0046
常数项		6.7342 ***	0.1853	6.9309 ***	0.2673
样本容量		8156		5259	
R^2		0.089		0.053	

注：*** 、** 和 * 分别表示在0.01、0.05 和0.10 的显著性水平下显著。

男性雇主和女性雇主的收入方程的回归系数显示两者的工资结构差异较大。区域变量在男女雇主收入方程中都在1%的显著性水平下高度显著，但在不同性别雇主中的差异较大，东部的男性雇主比中西部的男性雇主收入高15.28%，而东部的女性雇主仅比中西部高7.04%。年龄变量对女性雇主的影响更明显，女性雇主受年龄影响的倒“U”型更加陡峭，说明女性雇主收入受年龄影响变动幅度较大，当年龄达到收入最高点后，收入下降的速度比男性雇主快得多。民族变量在男性雇主收入方程中不显著，女性雇主中在10%显著性水平下显著，说明汉族和非汉族的男性雇主收入差异不明显，而汉族的女性雇主比非汉族的收入低7.96个百分点。非农户口对男性雇主收入的影响比对女性雇主的影响低7.1个百分点，说明具有非农户口的女性雇主在劳动力市场中占有优势。婚姻状况对男性雇主的影响显著，已婚的比未婚的收入高14.93%，在1%的显著性水平下高度显著；女性雇主中婚姻状况的影响不显著。流动范围的影响在1%的显著性水平下高度显著，跨省流动的男性雇主比省内流动收入高10.8%，跨省流动的女性雇主比省内流动的收入高16.34%。不同行业的男性雇主收入差异非常大，并且都在1%的显著性水平下高度显著，以农林牧渔业的雇主收入为参照组，制造业、建筑采掘及电力水生产供应业、批发零售业、住宿餐饮业、社会服务及其他服务业的雇主收入分别高51.04%、53.02%、32.56%、33.46%、32.41%，所以选择不同的行业对男性雇主影响非同一般，正所谓“男怕入错行”；而女性雇主在不同行业中的收入差异总体相差不明显。单位性质的影响在男性雇主收入方程中的差异显著，与机关事业单位性质的雇主相比，国有和集体单位雇主收入高40.22%，三资企业的雇主收入高54.98%，两者都在1%的显著性水平下高度显著，民营个体雇主的收入与机关事业单位雇主的收入差异不具有统计显著性；而女性雇主收入在不同单位性质变量上的差异都不显著，说明单位性质不是造成女性雇主收入差异的成因。社会资本对男性雇主和女性雇主收入的影响都高度显著，其中对男性雇主收入的影响较大，相比很少与人来往，与同乡之外的其他人来往，将使收入增加17.87%，与同乡来往次数增加，可使收入提高16.31%；女性雇主与同乡之外的其他人来往次数增加，收入提高12.85%，与同乡来往次数增加，可使收入提高8.81%，可见不管是男性雇主还是女性雇主，建立稳定的社会资本对于提高个人收入都具有积极的作用。主观幸福感对男性雇主和女性雇主的影响都在1%显著性水平下高度显著，男性雇主中自我感觉幸福比自我感觉不幸福的收入高7.91%，自我感觉幸福的女性雇主比自我感觉不幸福的女性雇主收入高4.16%，说明自我心理感知和健康的幸福观对激发雇主的工作热情、提高工作效率同样具有一定的促进作用。回归结果显示男性雇主和女性雇主的教育收益率都不高，普遍低于城镇职工的教育收益率，说明雇主的教育水平和潜能还有待进一步提升。工作时间的长短对雇主收入的影响都为负，说明工作时间投入长并不能显著增加雇主收入，并且影响不显著。

（二）雇主性别收入差距的均值分解

本书已对均值分解中指数基准问题、样本选择问题和虚拟变量系数识别问题分别进行了阐述，针对具体问题学者们也提出了改进的理论分解公式，本文主要借鉴郭继强和陆利丽（2009）分解构架的无歧视工资结构，解决了Oaxaca－Blinder分解中的指数基准问题，对流动人口中男性雇主和女性雇主的收入差异进行分解，分解结果如表5－2所示。

表5－2　雇主性别收入差距的均值分解结果

解释变量	特征效应	反向歧视	直接歧视
区域变量	0.0001	0.0133	0.0203
年龄	－0.0001	－0.2747	－0.4108
民族	0	0.0344	0.0539
户籍状况	0	－0.0042	－0.0063
婚姻状况	－0.0020	0.0553	0.0949
流动范围	0.0004	－0.0116	－0.0189

续表

解释变量	特征效应	反向歧视	直接歧视
从事行业	0. 0108	0. 0857	0. 2051
单位性质	0. 0003	0. 0519	0. 1042
社会资本	0. 0032	0. 0266	0. 0303
主观幸福感	-0. 0006	0. 0098	0. 0159
受教育水平	0. 0131	0. 0391	0. 0460
每天工作时间	0. 0002	0. 0010	-0. 0051
合计	0. 0247	0. 0267	0. 1295

均值分解结果表明，男性雇主和女性雇主的对数收入的条件均值总差异为0. 1809，其中由于男性雇主和女性雇主个人特征差异所引起的特征效应为0. 0247，占总差异的13. 67%；由于男性和女性雇主在劳动力市场上的工资结构差异带来的系数效应为0. 1562，占总差异的86. 33%，其中由于对男性雇主的偏爱，致使男性雇主的劳动力价值被高估引起的反向歧视为0. 0267，占比14. 76%，对女性雇主的直接歧视为0. 1295，占比71. 57%，说明雇主的性别收入差异主要是由对女性雇主的性别歧视造成的。

三、雇员性别收入差距的均值分解分析

（一）男性和女性雇员工资收入方程

通过对男性和女性雇员流动人口的明瑟工资收入方程运用OLS法进行估计（见表5-3），两者的回归效果较好，R^2 分别达到0. 21和0. 25，说明雇员收入方程中的解释变量较好地解释了工资收入方程，模型的拟合优度较高。

表5-3　男性和女性雇员工资收入回归方程

解释变量		男性雇员		女性雇员	
		回归系数	标准误	回归系数	标准误
区域		0. 1216***	0. 0048	0. 1886***	0. 0058
年龄项	年龄	0. 0473***	0. 0016	0. 0364***	0. 0023
	年龄的平方	-0. 0007***	0	-0. 0005***	0
民族		0. 0405***	0. 0083	-0. 0059	0. 0096

续表

解释变量		男性雇员		女性雇员	
		回归系数	标准误	回归系数	标准误
户籍状况		0.0806***	0.006	0.1085***	0.0068
婚姻状况		0.1403***	0.0063	-0.0288***	0.0072
流动范围		0.1017***	0.0046	0.1493***	0.0055
从事行业（以农林牧渔业为参照组）	制造业	0.1797***	0.0149	0.0414**	0.0177
	建筑采掘及电力水生产供应业	0.3394***	0.0149	0.1329***	0.0203
	批发零售业	0.1125***	0.0165	-0.0183	0.0183
	住宿餐饮业	0.0892***	0.0158	-0.0491***	0.018
	社会服务及其他服务业	0.1676***	0.0149	0.0252	0.0177
单位性质（以机关事业单位为参照组）	国有和集体企业	0.1415***	0.0134	0.0658***	0.0142
	民营个体	0.1228***	0.0126	0.0624***	0.0125
	三资企业	0.2311***	0.0153	0.1802***	0.0152
社会资本（很少与人来往为参照组）	与同乡来往最多	0.0648***	0.0079	0.0629***	0.0085
	与其他人来往最多	0.0399***	0.0076	0.0439***	0.0081
主观幸福感		0.0473***	0.0042	0.0299***	0.0048
受教育水平		0.0332***	0.0009	0.0412***	0.001
每天工作时间		0.0098***	0.0013	0.0238***	0.0015
常数项		6.0180***	0.0367	6.0689***	0.0448
样本容量		40558		29421	
R^2		0.21		0.25	

注：***、** 分别表示在 0.01、0.05 的显著性水平下显著。

男性雇员和女性雇员的收入方程的回归系数显示两者的工资结构差异较大。区域变量在男女雇员收入方程中都在 1% 的显著性水平下高度显著，但在不同性别雇员中的差异较大，东部的男性雇员比中西部的男性雇员收入高 12.16%；而东部的女性雇员却比中、西部高 18.86%。年龄变量对男性雇员的影响更明显，男性雇员受年龄影响的倒“U”型更加陡峭，说明男性雇员收入受年龄影响变动幅度较大，当达到年龄收入最高点后，收入下降的速度比女性雇员快得多。民族变量在男性雇员中在 1% 显著性水平下高度显著，在女性雇员收入方程中不显著，说明汉族和非汉族的男性雇员收入差异较明显，而汉族的女性雇员与非汉族女性雇员收入差异不明显。具有非农户口的男性雇员比农业户口的男性雇员收入高

8.06%，非农户口的女性雇员比农业户口的女性雇员收入高10.85%，说明非农户口的女性在劳动力市场上享有竞争优势。婚姻状况对男性雇员和女性雇员的影响都在1%的显著性水平下高度显著，但是影响方向相反，对于男性雇员来说，已婚比未婚的收入高14.03%，原因可能是已婚男性家庭责任感更强，为了养家糊口，努力地工作获得更高的收入；而女性雇员中已婚的反而比未婚的收入低，这与已婚女性更多地将精力放在孩子和家务劳动上有关，未婚女性可以投入全部的时间和精力工作进而获取更高的收入。流动范围的影响在1%的显著性水平下高度显著，跨省流动的男性雇员比省内流动收入高10.17%，跨省流动的女性雇员比省内流动的收入高14.93%。不同行业的男性雇员收入差异非常大，并且都在1%的显著性水平下高度显著，以农林牧渔业的雇员收入为参照组，制造业、建筑采掘及电力水生产供应业、批发零售业、住宿餐饮业、社会服务及其他服务业的雇员收入分别高17.97%、33.94%、11.25%、8.92%、16.76%，男性雇员从事建筑采掘及电力水生产供应等需要消耗更多体力，工作环境较差的行业获取的收入最高；而女性雇员收入最高的行业也是建筑采掘及电力水生产供应，其他行业中的收入差异不明显。不同的单位性质对男性雇员和女性雇员的收入影响都高度显著，其中三资企业的雇员收入最高，三资企业的男性雇员比机关事业单位性质的男性雇员收入高23.11%，三资企业的女性雇员比机关事业单位性质的女性雇员收入高18.02%；国有和集体单位雇员收入和民营个体雇员的收入在男女雇员中差异都不大。社会资本对男性雇员和女性雇员收入的影响都高度显著，相比很少与人来往，男性雇员与同乡或同乡之外的其他人来往越多，其收入越高，其中与同乡之外的其他人来往越多，将使收入增加6.48%，与同乡来往越多，使收入增加3.99%；女性雇员与同乡之外的其他人来往越多，收入增加6.29%，与同乡来往人数越多，收入增加4.39%，可见不管是男性雇员还是女性雇员，建立与同乡之外其他人的社会资本对于提高个人收入都具有积极的作用，但是相比之下，雇主的社会资本回报率更高。主观幸福感对男性雇员和女性雇员的影响都在1%显著性水平下高度显著，男性雇员中自我感觉幸福比自我感觉不幸福的收入高4.73%，自我感觉幸福的女性雇员比自我感觉不幸福的女性雇员收入高2.99%，说明自我心理感知和健康的幸福观对激发雇员的工作热情，提高工作效率同样具有一定的促进作用。回归结果显示男性雇员的教育收益率比女性雇员的教育收益率低，女性雇员教育投资的回报偏高的原因可能是女性雇员的总体教育水平较低，所以具有较高教育水平的女性在劳动力市场上的竞争优势凸显，但是却普遍低于城镇职工的教育收益率，说明雇员的教育水平和潜能还有待进一步提升。工作时间的长短对雇员收入的影响都显著为正，但是对男性雇员收入的提升作用不大。

（二）雇员性别收入差距的均值分解

与雇主工资收入性别差异分解方法类似，借鉴郭继强和陆利丽（2009）分解构架的无歧视工资结构，解决了 Oaxaca - Blinder 分解中的指数基准问题，对流动人口中男性雇员和女性雇员的收入差异进行分解，分解结果如表 5 -4 所示。

表 5 -4　雇员收入性别差异分解

解释变量	特征效应	反向歧视	直接歧视
区域变量	-0.0045	-0.0154	-0.0245
年龄	-0.0061	0.0900	0.0405
民族	-0.0004	0.0183	0.0251
户籍状况	-0.0007	-0.0015	-0.0036
婚姻状况	0.0004	0.0470	0.0656
流动范围	0.0023	-0.0110	-0.0174
从事行业	0.0380	0.0514	0.0862
单位性质	-0.0007	0.0259	0.0335
社会资本	0.0006	-0.0016	0.0001
主观幸福感	-0.0011	0.0042	0.0060
受教育水平	0.0033	-0.0531	-0.0283
每天工作时间	0.0012	-0.0634	-0.0629
合计	0.0325	0.0909	0.1202

均值分解结果表明，男性雇员和女性雇员的对数收入的条件均值总差异为 0.2435，其中由于男性雇员和女性雇员个人特征差异所引起的特征效应为 0.0325，占总差异的 13.33%；由于男性和女性雇员在劳动力市场上的工资结构差异带来的系数效应为 0.2111，占总差异的 86.67%，其中由于对男性雇员的偏爱，致使男性雇员的劳动力价值被高估引起的反向歧视为 0.0909，占比 37.32%，对女性雇员的直接歧视为 0.1202，占比 49.35%，说明雇员的性别收入差异主要是由对女性雇员的性别歧视造成的。

四、雇主与雇员性别收入差距均值分解的对比分析

对比流动人口中的雇主和雇员的性别收入差异均值分解结果（见表 5 -5）可以看出，雇员之间的性别收入差异较大，总差异为 0.2435，说明男性雇员的对

数收入的均值比女性雇员高很多；而男女雇主之间的对数工资收入均值的总差异仅为0.1809。从特征效应来看，雇主性别收入差异的特征效应为0.0247，占总差异的13.67%，雇员性别收入差异的特征效应为0.0325，占总差异的13.33%，说明不同性别的雇主以及不同性别的雇员由于拥有的个人资本、社会资本、主观幸福感等不同特征产生的差异较少，他们各自的特征变量均值差异较小很好地说明了这一点。从系数效应来看，系数效应解释了他们收入差异的85%以上，说明在雇主流动人口群体和雇员流动人口群体中对女性的歧视是造成性别收入差异的重要因素，其中雇主群体由于对男性雇主的偏爱造成的反向歧视占14.76%，由于低估了女性雇主的劳动价值造成的对女性雇主的直接歧视占71.57%，所以女性雇主在劳动力市场上立足并拥有自己管理的公司确属不易；雇员群体的性别歧视占总差异的86.67%，其中由于对男性雇员的偏爱造成的反向歧视占37.32%，由于对女性雇员劳动价值的低估造成的直接歧视占49.35%，表明女性雇员在劳动力市场上受到的不公平待遇不亚于女性雇主，两者都是流动人口群体中被歧视的群体。

表5-5　雇主和雇员的均值分解结果对比

	总差异	特征效应	百分比（%）	反向歧视	百分比（%）	直接歧视	百分比（%）
雇主	0.1809	0.0247	13.67	0.0267	14.76	0.1295	71.57
雇员	0.2435	0.0325	13.33	0.0909	37.32	0.1202	49.35

综上所述，不管是流动人口中的雇主群体还是雇员群体，特征效应对性别收入差距的贡献都较小，系数效应是导致性别收入差距的主因，其中对女性的直接歧视效应最大，歧视程度严重超过了城镇职工对女性职工的歧视程度，因此消除对流动人口的制度歧视，尤其是消除对女性流动人口的性别歧视是提高整体劳动生产率，减缓流动人口群体内部收入差距的关键举措，从而使致力于改善劳动者收入分配政策的措施得以发挥实效。

第二节　流动人口性别收入差距的分位数分解分析

均值分解关注的是不同性别的流动人口在条件均值点的差异，却对整个收入分布的差异分解无能为力，但是流动人口的收入分布随着不同分位点的变化呈现不同的分布形态，所以单纯分解条件均值点的差异会使分解结果偏离事实状态，因此研究不同分位点流动人口收入差异特征就很有必要，也在一定程度上弥补了均值差异分解的缺陷，从而全方位地审视流动人口性别收入差异的特征。

同样地，鉴于雇主和雇员截然不同的收入决定形式，将雇主群体和雇员群体分别作为两个独立的群体进行研究，运用梅利（Melly，2005）分位数分解方法，分别测算雇主群体和雇员群体性别收入差异在不同分位点的残差效应、特征回报效应和变量效应。

一、雇主性别收入差距的分位数分解分析

（一）分位数回归模型

以流动人口中的就业身份为雇主的13415个样本作为研究对象，分位数回归模型的被解释变量为月工资收入的对数（ln*wage*），解释变量的选取与前述均值分解中的OLS估计相同，分别对男性雇主和女性雇主的工资收入对数在0.1、0.2、0.3、0.4、0.5、0.6、0.7、0.8、0.9百分位点进行分位回归，回归结果如表5－6和表5－7所示。由于篇幅的限制，表格里只报告0.1、0.3、0.5、0.7和0.9百分位点的回归系数，分别代表低收入、中低收入、中等收入、中高收入和高收入雇主。

表5－6　男性雇主收入分位数回归结果

解释变量		Q10	Q30	Q50	Q70	Q90
区域		0.0950*** (0.0194)	0.1109*** (0.0182)	0.1759*** (0.0157)	0.1691*** (0.0180)	0.1405*** (0.0347)
年龄项	年龄	0.0401*** (0.0102)	0.0263* (0.0107)	0.0112 (0.0116)	0.0129 (0.0069)	−0.0236 (0.0149)
	年龄的平方	−0.0006*** (0.0001)	−0.0004** (0.0001)	−0.0002 (0.0002)	−0.0002 (0.0001)	0.0003 (0.0002)
民族		0.0962 (0.0668)	0.0249 (0.0411)	−0.0000 (0.0340)	0.0232 (0.0442)	−0.0027 (0.0730)
户籍状况		0.0889** (0.0322)	0.0750*** (0.0216)	0.0732* (0.0290)	0.0911*** (0.0271)	0.1223** (0.0417)
婚姻状况		0.0593 (0.0411)	0.1399*** (0.0370)	0.1335** (0.0513)	0.0924* (0.0422)	0.2057** (0.0663)
流动范围		0.0431** (0.0164)	0.0745*** (0.0172)	0.0923*** (0.0241)	0.1227*** (0.0213)	0.2100*** (0.0263)

续表

解释变量		Q10	Q30	Q50	Q70	Q90
从事行业（以农林牧渔业为参照组）	制造业	0.6711 *** (0.1439)	0.2828 *** (0.0548)	0.3345 *** (0.0578)	0.4204 *** (0.0773)	0.6252 *** (0.1822)
	建筑采掘及电力水生产供应	0.8047 *** (0.1455)	0.4054 *** (0.0530)	0.3727 *** (0.0601)	0.4155 *** (0.0580)	0.3860 ** (0.1356)
	批发零售业	0.5915 *** (0.1471)	0.2121 *** (0.0500)	0.2166 *** (0.0555)	0.2378 *** (0.0412)	0.0900 (0.1123)
	住宿餐饮业	0.5488 *** (0.1509)	0.2101 *** (0.0552)	0.2114 ** (0.0653)	0.2496 *** (0.0515)	0.1737 (0.1253)
	社会服务及其他服务业	0.5621 *** (0.1432)	0.2159 *** (0.0463)	0.2201 *** (0.0504)	0.2352 *** (0.0473)	0.1047 (0.1097)
单位性质（以机关事业单位为参照组）	国有和集体企业	0.4112 * (0.1777)	0.1921 (0.1822)	0.1845 (0.1705)	0.5951 *** (0.1381)	0.0960 (0.4725)
	民营个体	0.2034 (0.1577)	0.1498 (0.1844)	0.0618 (0.1437)	0.2373 (0.1226)	0.0210 (0.4163)
	三资企业	0.4116 (0.4216)	0.5066 (0.3021)	0.4573 (0.2562)	0.8709 (0.5269)	0.6410 (0.5811)
社会资本（很少与人来往为参照组）	与同乡来往最多	0.0916 (0.0486)	0.1892 *** (0.0294)	0.1612 *** (0.0413)	0.1887 *** (0.0349)	0.2139 ** (0.0657)
	与其他人来往最多	0.0886 * (0.0446)	0.1842 *** (0.0259)	0.1795 *** (0.0373)	0.1880 *** (0.0376)	0.2064 ** (0.0663)
主观幸福感		0.0690 * (0.0281)	0.0710 *** (0.0163)	0.0837 *** (0.0179)	0.0892 *** (0.0230)	0.1404 *** (0.0375)
受教育水平		0.0264 *** (0.0056)	0.0350 *** (0.0038)	0.0368 *** (0.0048)	0.0407 *** (0.0047)	0.0429 *** (0.0105)
每天工作时间		-0.0047 (0.0043)	-0.0007 (0.0031)	-0.0003 (0.0033)	-0.0010 (0.0039)	0.0011 (0.0079)
常数项		5.5778 *** (0.2694)	6.3830 *** (0.3288)	6.9313 *** (0.3347)	6.9210 *** (0.1781)	8.2722 *** (0.6035)
样本容量		8156				
Pseudo R^2		0.0320	0.0304	0.0495	0.0317	0.0488

注：( ) 为估计标准误，*** 、** 和 * 分别表示在 0.01、0.05 和 0.10 的显著性水平下显著。

表 5－7　　　　女性雇主工资收入分位数回归结果

解释变量		Q10	Q30	Q50	Q70	Q90
区域		0.1551*** (0.0290)	0.0991*** (0.0222)	0.0601** (0.0228)	0.0923** (0.0351)	0.0115 (0.0429)
年龄项	年龄	0.0639*** (0.0162)	0.0401*** (0.0118)	0.0178 (0.0126)	0.0341* (0.0155)	0.0572* (0.0269)
	年龄的平方	－0.0009*** (0.0002)	－0.0006*** (0.0002)	－0.0003 (0.0002)	－0.0005* (0.0002)	－0.0007 (0.0004)
民族		0.0185 (0.0706)	0.0489 (0.0484)	－0.0126 (0.0425)	－0.1461* (0.0662)	－0.2074* (0.0952)
户籍状况		0.1208*** (0.0305)	0.1147** (0.0423)	0.2003*** (0.0421)	0.1820*** (0.0359)	0.2142*** (0.0567)
婚姻状况		－0.1344 (0.0689)	－0.0332 (0.0510)	0.0032 (0.0507)	0.0489 (0.0693)	－0.0243 (0.1220)
流动范围		0.1861*** (0.0402)	0.1202*** (0.0220)	0.0945*** (0.0257)	0.1428*** (0.0303)	0.2490*** (0.0434)
从事行业（以农林牧渔业为参照组）	制造业	0.1007 (0.1932) (0.1685)	0.1432 (0.1123) (0.1463)	0.0866 (0.0840) (0.0923)	0.2591 (0.1537) (0.1299)	0.2682 (0.3107) (0.3742)
	批发零售业	0.0903 (0.1641)	0.0570 (0.0956)	0.0436 (0.0598)	0.1819 (0.1076)	－0.1430 (0.2942)
	住宿餐饮业	0.1466 (0.1726)	0.1075 (0.0961)	0.0631 (0.0643)	0.1959 (0.1170)	－0.0334 (0.2837)
	社会服务及其他服务业	0.0238 (0.1685)	0.0114 (0.0915)	－0.0108 (0.0617)	0.1017 (0.1084)	－0.1663 (0.2950)
单位性质（以机关事业单位为参照组）	国有和集体企业	－0.1558 (0.1840)	－0.0420 (0.1559)	0.0426 (0.1644)	0.3058 (0.1943)	0.0939 (0.4071)
	民营个体	－0.1261 (0.1633)	－0.0943 (0.1384)	0.0644 (0.1196)	0.2259 (0.1400)	0.1949 (0.3420)
	三资企业	－0.0098 (0.2241)	－0.0251 (0.2466)	0.1927 (0.2588)	0.0603 (0.5957)	0.8610 (0.7287)

续表

解释变量		Q10	Q30	Q50	Q70	Q90
社会资本（很少与人来往为参照组）	与同乡来往最多	0.1846 ** (0.0672)	0.1637 *** (0.0368)	0.1234 * (0.0501)	0.1263 ** (0.0458)	0.0522 (0.0722)
	与其他人来往最多	0.1201 (0.0693)	0.1183 *** (0.0266)	0.0940 (0.0538)	0.0864 * (0.0353)	0.0326 (0.0827)
主观幸福感		0.0440 (0.0313)	0.0345 (0.0196)	0.0386 (0.0220)	0.0675 ** (0.0256)	0.0669 (0.0531)
受教育水平		0.0300 *** (0.0054)	0.0235 *** (0.0050)	0.0272 *** (0.0075)	0.0359 *** (0.0078)	0.0266 * (0.0104)
每天工作时间		-0.0004 (0.0075)	0.0036 (0.0044)	0.0016 (0.0035)	-0.0032 (0.0066)	-0.0075 (0.0104)
常数项		5.7935 *** (0.3239)	6.5359 *** (0.2435)	7.1557 *** (0.2244)	6.8754 *** (0.3002)	7.5959 *** (0.4784)
样本容量		5259				
Pseudo R^2		0.0367	0.0227	0.0100	0.0332	0.0342

注：() 为估计标准误，*** 、** 和 * 分别表示在 0.01、0.05 和 0.10 的显著性水平下显著。

从男性雇主和女性雇主的分位数回归结果可以看出，两者的工资结构在整个收入分布差异较明显，下面分别阐述各个解释变量在不同分位点的变化特征。

1. 区域变量

区域变量对男性雇主收入的影响在 1% 的显著性水平下高度显著，随着分位点的提高，影响程度先上升后下降，在中位数位置达到最高，随后下降，但影响程度还是高于低分位点男性雇主；对女性雇主收入的影响除了在 90% 分位点不显著外，其他分位点都显著，但是区域变量对女性雇主收入的影响呈直线下降态势，说明低收入的女性雇主收入更容易受区域变量的影响，所以他们会谨慎地选择在东部沿海城市还是中、西部地区进行投资，但是对于个别高收入的女性雇主来说，她们无论在哪里经营，凭借其敏锐的管理才能和天赋，所获得的收入相差不大。

2. 年龄变量

年龄的增长只对低收入的男性雇主影响显著，对中高收入的男性雇主影响不显著，说明年龄与工资收入之间存在的倒“U”型关系只在低收入雇主中成立，原因可能是低收入的男性雇主大多经营企业规模较小，不如大企业家有“野心”，更满足于现有成就，随着年龄增长，其斗志逐渐降低，收入水平也逐渐下降，但是中高收入的男性雇主大多经营规模较大，不会在意自身年龄，反而积累的财富越来越多；女性雇主收入受年龄的影响变化比较大，在中位数之前，低收入和中低收入的女性雇主随着年龄的增长，收入呈现显著的倒“U”型特征，并在低收入组表现更为明显，中高收入层和高收入层的女性雇主收入受年龄的影响在10%的显著性水平下显著。

3. 民族

民族变量在男性雇主和女性雇主分位数回归方程中大都不显著，仅在女性雇主收入方程中的中高分位点处，在10%的显著性水平下显著，说明汉族和少数民族的男性雇主在整个收入分布上差异都不明显，反而中高分位点的非汉族女性雇主收入比汉族女性雇主收入高，原因可能是这些女性雇主充分利用了国家对少数民族流动人口的优惠政策，发挥了民族特色和民族文化在企业管理中的作用。

4. 户籍性质

不同的户籍性质对男性雇主和女性雇主整个收入分布的影响都具有显著性，并且对两者的影响程度都随着分位点的提高呈现在波动中上升的趋势，说明非农业户口的高收入雇主比非农户口的低收入雇主获取更高的收入，非农户口更有利于高收入雇主，尤其是女性高收入雇主中，非农业户口比农业户口的收入高21.42%，所以国务院印发的《关于进一步推进户籍制度改革的意见》进一步调整户口迁移政策，统一城乡户口登记制度，全面实施居住证制度，有利于消除由于户籍歧视带来的流动人口收入差异。

5. 婚姻状况

婚姻状况在男性雇主分位回归中显著，而在女性雇主分位回归方程中均不显著，男性雇主群体中，随着分位点的提高，已婚男性的工资收入分别比未婚男性的收入高5.93%、13.99%、13.35%、9.24%、20.57%，90%分位点的已婚男性收入最高，原因在于已婚男性家庭较稳定，可以全身心投入工作中，并且其积累的社会资本、经验等更加丰富，有助于其提高工资收入；女性雇主收入在10%分位点、30%分位点和90%分位点处，已婚的都比未婚的收入低，但是都不具有统计显著性，女性雇主特殊的身份、复杂的工资影响因素导致很多经济理论在分析其收入影响中不具有适用性。

6. 流动范围

流动范围变量对男性雇主和女性雇主分位回归的影响都在1%的显著性水平下高度显著，男性雇主分位回归系数显示，随着分位点的提高，跨省流动所带来的收入增加呈直线上升趋势，分别为4.31%、7.45%、9.23%、12.27%、21%，女性雇主的分位回归系数则呈现先下降再上升的过程，10%分位点女性雇主跨省流动比省内流动收入高18.61%，随后30%分位点和中位点跨省流动的女性雇主收入比省内流动的收入分别高12.02%、9.45%，在70%分位点跨省流动带来的收益又有所增加，在90%分点达到最高，为24.9%，这也充分说明流动人口付出的离家迁移的成本越高，所获得的收益也越高。

7. 行业

分位回归结果显示，行业变量对男性雇主收入的影响除了在90%分位点不显著之外，其他都具有显著性，行业的选择对男性雇主收入的影响不可小觑，尤其是对于10%分位点的低收入男性雇主，以农林牧渔业为参照组，制造业、建筑采掘及电力水生产供应业、批发零售业、住宿餐饮业、社会服务及其他服务业的雇主收入分别高67.11%、84.07%、59.15%、54.88%、56.21%，低收入雇主选择建筑采掘及电力水生产供应业获得的工资收入最高，在30%分位点和中位点的情况与此相同，说明建筑采掘及电力水生产供应业是中低收入雇主群体的最佳入驻行业，而在中位点以后，高收入行业分布有所改变，制造业跃居行业收入榜首，尤其是90%分位点的高收入雇主，制造业收入高出农林牧渔业收入62.52%，毫无疑问成为高收入雇主群体优先考虑的行业选择，所以整个收入分布的行业回归系数同样验证了"男怕入错行"，行业的选择对男性的影响非同小可；而女性雇主行业分位回归系数则呈现完全相反的结果，各个行业回归系数大都不显著，说明女性雇主不管从事什么行业，都不会对其收入产生太大的影响，行业不是影响女性雇主收入差异的主要原因。

8. 单位性质

单位性质变量对男性雇主和女性雇主的影响除了国有和集体单位在10%分位点和70%分位点显著外，在其他情况下也都不显著，说明经营什么性质的单位对雇主的收入影响不大，前述OLS的回归结果也显示单位性质对雇主收入的影响没有对雇员收入的影响显著，所以雇员更看重单位性质，而雇主则持无所谓态度。

9. 社会资本

社会资本变量对男性雇主收入的影响较显著，一般来说，男性雇主与同乡之外的其他人来往所增加的收入比与同乡来往增加的收入多，但差异很小，并且随着分位点的升高，社会资本增加带来的收入越高，但是增加的幅度不大，说明社会资本对男性雇主的收入具有显著的影响，但是除了低收入雇主群体之外，不同分位点社会资本的回报率相差不大；而女性雇主的情况则稍显复杂，总体而言，女性雇主与同乡之外的其他人来往所增加的收入高于与同乡来往所增加的收入，原因可能是女性雇主的同乡大多为女性雇员，这些社会资本并不直接影响其收入水平，而同乡之外的其他人可能拥有较丰富的有利于提高其工资收入的信息资源，但是随着分位点的提高，女性雇主的社会资本回报率呈下降趋势，女性雇主的社会资本更有利于低收入群体。

10. 主观幸福感

主观幸福感对男性雇主收入的影响在整个收入分布都具有显著性，10、30、

50、70、90 百分位点的回归系数分别为 0.0690、0.0710、0.0837、0.0892、0.1404，随着分位点的提高，主观幸福感对男性雇主收入的影响程度增大，90%分位点的男性雇主自我感觉幸福比自我感觉不幸福的收入高 14.04%，表明男性雇主更加重视自我的幸福感受，一个感觉幸福的人更容易找到最优的工作状态；女性雇主的主观幸福感对收入的影响却只在 70%分位点显著。

11. 教育

教育变量的回归系数教育收益率在男性雇主和女性雇主的整个收入分布都具有显著性，说明教育对提高所有人收入水平都具有重要作用，在男性雇主群体中，教育收益率随着分位点的提高而提高，在 10、30、50、70、90 百分位点分别为 2.64%、3.5%、3.68%、4.07%、4.29%；女性雇主的教育收益率相对较低，各百分位点分别为 3%、2.35%、2.72%、3.59%、2.66%，教育收益率在整个收入分布对女性雇主收入的影响程度不一。

12. 工作时间

工作时间对男性雇主和女性雇主收入的影响都不具有显著性，因为雇主作为管理人员，其与雇员的身份差异悬殊，雇主最主要的是经营理念、经营策略和管理才能，不适合用工作时间的长短度量其收入水平。

（二）分位数分解

根据分位数分解模型，对流动人口中雇主群体的性别收入差异进行分解，在 0.1 ~ 0.9 分位数之间，确定每个分位点的反事实工资收入（见表 5-8），包括 $\hat{q}(\hat{\beta}^{1,r0}, x^1)$ 和 $\hat{q}(\hat{\beta}^0, x^1)$，其中 $\hat{q}(\hat{\beta}^{1,r0}, x^1)$ 为残差效应保持不变时回归系数和变量共同变化的反事实工资收入，$\hat{q}(\hat{\beta}^0, x^1)$ 为残差和回归系数保持不变时变量变化的反事实工资收入。

表 5-8　雇主的反事实工资收入

百分位点	$\hat{q}(\hat{\beta}^{1,r0}, x^1)$	$\hat{q}(\hat{\beta}^0, x^1)$
0.1	7.5398	7.4745
0.2	7.7474	7.5711
0.3	7.8767	7.7004
0.4	8.0209	7.8446
0.5	8.1810	8.0047
0.6	8.3687	8.1925
0.7	8.5080	8.3317
0.8	8.8510	8.6746
0.9	9.2204	9.0467

然后对每个分位点上的性别工资差异进行分解，测算出各个分位点的变量效应、特征回报效应（即系数效应）和残差效应，分解结果如表5－9和图5－1所示。

表5－9　　雇主性别收入差异分位数分解

百分位点	总差异	变量效应	百分比（%）	系数效应	百分比（%）	残差效应	百分比（%）
0.1	0.2257	0.1651	73.12	0.0653	28.94	－0.0046	－2.05
0.2	0.1913	0.0082	3.62	0.1763	78.08	0.0069	3.04
0.3	0.2329	－0.0143	－6.31	0.1763	78.09	0.0710	31.41
0.4	0.1934	－0.0449	－19.89	0.1763	78.09	0.0621	27.49
0.5	0.1787	－0.0389	－17.24	0.1763	78.09	0.0414	18.33
0.6	0.1905	0.0104	4.60	0.1763	78.09	0.0039	1.72
0.7	0.1628	－0.0443	－19.64	0.1763	78.09	0.0309	13.67
0.8	0.1506	0.0843	37.36	0.1764	78.14	－0.1102	－48.79
0.9	0.1205	0.0561	24.86	0.1737	76.95	－0.1093	－48.42

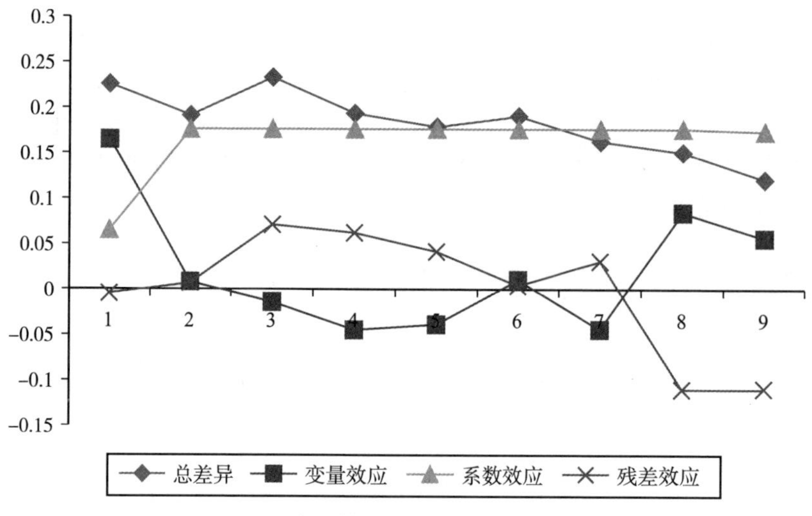

图5－1　雇主性别收入差异分解结果趋势

由分位数分解结果可以看出，雇主的性别收入差异较为明显，尤其在低分位点，月收入对数的总差异达到0.2329，说明低收入的雇主群体之间的性别收入差异比较大，随着分位点的增加，性别收入差异呈现下降的趋势，但始终保持在0.12以上，说明虽然都是雇主身份，但是由于多种因素的共同影响，男性雇主和女性雇主的收入差距已成为不争的事实。变量效应呈现先下降，后在波动中上升的趋势；系数效应从0.2分位点处开始保持平稳中略有下降的态势，说明除了在最低收入组群雇主群体的性别歧视不那么严重之外，歧视一直是造成雇主性别收入差距的主要原因；残差效应先上升后在波动中下降。

雇主性别收入差异的分解结果随着分位点的增加变化不一，将雇主群体按分位点的高低分别界定为：0.1～0.2，低收入雇主群体；0.3～0.7，中等收入雇主群体；0.8～0.9，高收入雇主群体；从而根据分位数分解结果，具体归纳为三个不同阶段的特征。

1. 低收入雇主群体

在0.1低分位点，雇主群体的性别收入差异为0.2257，变量效应、系数效应和残差效应的绝对数分别为0.1651、0.0653、－0.0046，分别占总差异的73.11%、28.94%、－2.05%，说明低收入雇主群体中性别歧视程度最低，变量效应是低收入雇主群体收入差异产生的最主要原因，低收入男性雇主与女性雇主的个人特征、人力资本、社会资本和幸福感差异显著，男性雇主占有绝对的优势；在0.2分位点雇主性别总差异略有降低，为0.1913，变量效应、系数效应和残差效应的绝对数分别为0.0082、0.1763、0.0069，分别占总差异的4.27%、92.15%、3.58%，变量效应急剧减小，系数效应急剧增加，由此可以看出在0.2分位点处雇主性别收入差异的主要原因已由变量效应转变为系数效应，性别歧视成为导致雇主性别收入差距的关键。

2. 中等收入雇主群体

在0.3～0.7分位点的中等收入雇主群体中，值得注意的是0.3、0.4、0.5、0.7分位点，变量效应的数值为负，说明中等收入附近的雇主群体的特征差异比较特殊（0.6分位点除外），男性雇主的变量特征反而比女性雇主的变量特征值低，即假设女性雇主享有男性雇主相同的变量特征，则其收入反而比现实收入低，也说明该分位点的女性雇主影响个人收入的个人特征变量均值比较高，其与男性雇主收入差距产生的原因主要归因于性别歧视和不可观测因素的影响；系数效应在中等收入雇主群体中比较稳定，保持在总差异的78.08%左右；不可观测因素造成的残差效应也是雇主性别收入差异不可忽视的一个因素。

3. 高收入雇主群体

在0.8、0.9高分位点，变量效应重新变为正，分别达到0.0843、0.0561，占总差异的37.36%、24.86%，系数效应的绝对数和相对比例都略有降低，残差效应却都降为负，说明在高收入雇主群体中性别歧视仍很严重，但是若女性雇主享有与男性雇主同样的特征变量，则其反事实收入会增加，但是由于其收入受更多的不可观测因素的影响，从而残差效应为负，但始终无法逆转其与男性雇主0.1205的性别收入差距。

二、雇员性别收入差距的分位数分解分析

（一）雇员收入分位数回归方程

以流动人口中的就业身份为雇员的70009个样本作为研究对象，雇员的月收入对数为被解释变量，解释变量的选取与前述均值分解中的OLS估计相同，分别对男性雇员和女性雇员的月收入对数在0.1、0.2、0.3、0.4、0.5、0.6、0.7、0.8、0.9百分位点进行分位回归，回归结果如表5－10和表5－11所示。由于篇幅的限制，只报告10%分位点、30%分位点、50%分位点、70%分位点和90%分位点的回归系数，分别代表低收入、中低收入、中等收入、中高收入、高收入雇员。

表5－10　男性雇员分位数回归结果

解释变量	Q10	Q30	Q50	Q70	Q90
区域	0.1529*** (0.0058)	0.1279*** (0.0056)	0.1111*** (0.0055)	0.0957*** (0.0055)	0.0742*** (0.0076)
年龄	0.0494*** (0.0031)	0.0447*** (0.0021)	0.0423*** (0.0023)	0.0453*** (0.0022)	0.0482*** (0.0033)
年龄的平方	−0.0007*** (0.0000)	−0.0007*** (0.0000)	−0.0006*** (0.0000)	−0.0006*** (0.0000)	−0.0007*** (0.0000)
民族	0.0590*** (0.0099)	0.0417*** (0.0093)	0.0349*** (0.0081)	0.0421*** (0.0091)	0.0352*** (0.0099)
户籍状况	0.0242* (0.0102)	0.0468*** (0.0049)	0.0797*** (0.0063)	0.1015*** (0.0077)	0.1570*** (0.0149)
婚姻状况	0.0940*** (0.0106)	0.1210*** (0.0081)	0.1426*** (0.0083)	0.1439*** (0.0068)	0.1767*** (0.0087)
流动范围	0.0798*** (0.0073)	0.0867*** (0.0053)	0.0829*** (0.0029)	0.1026*** (0.0036)	0.1220*** (0.0076)
制造业	0.3435*** (0.0510)	0.1586*** (0.0206)	0.1314*** (0.0168)	0.0941*** (0.0169)	0.0946** (0.0351)
建筑采掘及电力水生产供应业	0.4326*** (0.0520)	0.3097*** (0.0220)	0.2866*** (0.0185)	0.2715*** (0.0192)	0.2947*** (0.0359)
批发零售业	0.1934*** (0.0507)	0.0313 (0.0239)	0.0236 (0.0176)	0.0398 (0.0205)	0.1207** (0.0386)

续表

解释变量	Q10	Q30	Q50	Q70	Q90
住宿餐饮业	0.2122 *** (0.0521)	0.0318 (0.0231)	-0.0019 (0.0212)	-0.0020 (0.0215)	0.0572 (0.0420)
社会服务及其他服务业	0.2244 *** (0.0486)	0.0976 *** (0.0222)	0.0992 *** (0.0171)	0.1179 *** (0.0180)	0.1835 *** (0.0400)
国有和集体企业	0.1704 *** (0.0283)	0.1109 *** (0.0160)	0.1222 *** (0.0195)	0.1486 *** (0.0183)	0.1704 *** (0.0228)
民营个体	0.1644 *** (0.0286)	0.1045 *** (0.0132)	0.1014 *** (0.0179)	0.1130 *** (0.0167)	0.1540 *** (0.0249)
三资企业	0.2288 *** (0.0312)	0.1795 *** (0.0160)	0.1748 *** (0.0146)	0.2171 *** (0.0188)	0.2852 *** (0.0315)
与同乡来往最多	0.0993 *** (0.0153)	0.0615 *** (0.0125)	0.0547 *** (0.0073)	0.0515 *** (0.0098)	0.0470 ** (0.0146)
与同乡之外的其他人来往最多	0.0856 *** (0.0164)	0.0428 *** (0.0117)	0.0296 *** (0.0079)	0.0248 * (0.0099)	0.0090 (0.0151)
主观幸福感	0.0375 *** (0.0062)	0.0358 *** (0.0047)	0.0409 *** (0.0049)	0.0584 *** (0.0065)	0.0600 *** (0.0076)
受教育水平	0.0251 *** (0.0017)	0.0265 *** (0.0010)	0.0280 *** (0.0009)	0.0326 *** (0.0009)	0.0393 *** (0.0011)
每天工作时间	0.0073 * (0.0028)	0.0089 *** (0.0020)	0.0106 *** (0.0017)	0.0107 *** (0.0016)	0.0113 *** (0.0027)
常数项	5.4953 *** (0.0790)	6.0700 *** (0.0497)	6.2714 *** (0.0491)	6.3222 *** (0.0460)	6.3884 *** (0.0941)
N	40558				
Pseudo R^2	0.1094	0.1053	0.1219	0.1148	0.1469

注：() 为估计标准误，*** 、** 和 * 分别表示在 0.01、0.05 和 0.10 的显著性水平下显著。

表 5-11　　女性雇员分位数回归结果

解释变量	Q10	Q30	Q50	Q70	Q90
区域	0.2334 *** (0.0096)	0.1922 *** (0.0082)	0.1767 *** (0.0089)	0.1715 *** (0.0087)	0.1637 *** (0.0126)
年龄	0.0347 *** (0.0039)	0.0320 *** (0.0021)	0.0317 *** (0.0026)	0.0359 *** (0.0031)	0.0440 *** (0.0044)

续表

解释变量	Q10	Q30	Q50	Q70	Q90
年龄的平方	-0.0005*** (0.0001)	-0.0005*** (0.0000)	-0.0005*** (0.0000)	-0.0005*** (0.0000)	-0.0006*** (0.0001)
民族	0.0126 (0.0198)	0.0094 (0.0119)	0.0027 (0.0151)	-0.0164 (0.0142)	-0.0216 (0.0176)
户籍状况	0.0392*** (0.0103)	0.0691*** (0.0088)	0.0995*** (0.0097)	0.1446*** (0.0098)	0.2100*** (0.0166)
婚姻状况	-0.0665*** (0.0081)	-0.0438*** (0.0056)	-0.0334*** (0.0065)	-0.0153 (0.0094)	0.0067 (0.0122)
流动范围	0.1213*** (0.0110)	0.1263*** (0.0072)	0.1286*** (0.0067)	0.1406*** (0.0071)	0.1599*** (0.0079)
制造业	0.2842*** (0.0527)	0.0656** (0.0209)	-0.0269 (0.0279)	-0.0431* (0.0218)	-0.0766*** (0.0225)
建筑采掘及电力水生产供应业	0.2332*** (0.0609)	0.1112*** (0.0297)	0.0724* (0.0335)	0.0808** (0.0308)	0.1733*** (0.0442)
批发零售业	0.1627** (0.0529)	-0.0356 (0.0231)	-0.1134*** (0.0283)	-0.1042*** (0.0277)	-0.0472 (0.0267)
住宿餐饮业	0.2001*** (0.0530)	-0.0489* (0.0206)	-0.1468*** (0.0260)	-0.1536*** (0.0219)	-0.1473*** (0.0204)
社会服务及其他服务业	0.1704** (0.0534)	-0.0061 (0.0235)	-0.0661* (0.0290)	-0.0412 (0.0241)	0.0209 (0.0262)
国有和集体企业	0.0825*** (0.0209)	0.0916*** (0.0197)	0.0426** (0.0140)	0.0365* (0.0147)	0.0886*** (0.0240)
民营个体	0.0753*** (0.0181)	0.0842*** (0.0151)	0.0373** (0.0119)	0.0283** (0.0107)	0.0787*** (0.0227)
三资企业	0.1985*** (0.0229)	0.1709*** (0.0204)	0.1336*** (0.0138)	0.1229*** (0.0175)	0.1715*** (0.0322)
与同乡来往最多	0.0504** (0.0166)	0.0548*** (0.0069)	0.0507*** (0.0075)	0.0662*** (0.0115)	0.0689*** (0.0142)
与同乡之外的其他人来往最多	0.0501** (0.0154)	0.0431*** (0.0083)	0.0333*** (0.0069)	0.0472*** (0.0096)	0.0308* (0.0126)

续表

解释变量	Q10	Q30	Q50	Q70	Q90
主观幸福感	0.0199* (0.0080)	0.0202*** (0.0047)	0.0265*** (0.0041)	0.0316*** (0.0063)	0.0585*** (0.0080)
受教育水平	0.0335*** (0.0016)	0.0342*** (0.0015)	0.0365*** (0.0013)	0.0385*** (0.0011)	0.0400*** (0.0015)
每天工作时间	0.0200*** (0.0026)	0.0229*** (0.0017)	0.0250*** (0.0020)	0.0246*** (0.0021)	0.0219*** (0.0017)
常数项	5.6019*** (0.0873)	6.0817*** (0.0432)	6.3188*** (0.0513)	6.3857*** (0.0548)	6.4271*** (0.0609)
N	29421				
Pseudo R^2	0.1356	0.1470	0.1175	0.1479	0.1792

注：() 为估计标准误，***、** 和 * 分别表示在 0.01、0.05 和 0.10 的显著性水平下显著。

由男性雇员和女性雇员的分位数回归结果可以看出，两者的工资结构在整个收入分布差异较明显，下面分别阐述各个解释变量在不同分位点的变化特征。

1. 区域变量

区域变量对雇员收入的影响在 1% 的显著性水平下高度显著，回归系数在男性雇员和女性雇员回归方程中都随着分位点的增加而减小，说明收入越高的雇员组，流入东部和中、西部区域带来的收入差异越小，而低收入组的雇员可能由于其自身特征偏弱，外生区域变量的扰动对其收入的影响更敏感；另外，各个分位点女性雇员的分位回归系数都高于男性雇员，可以看出与男性雇员相比，女性雇员收入更易受流入地经济发展状况的影响，区域差异对其收入的影响程度更高，大量的女性流动人口涌向东部沿海城市务工正是对该问题的一个验证。

2. 年龄变量

年龄变量对雇员收入的影响在 1% 的显著性水平下高度显著，随着年龄的增长，收入呈现显著的倒 "U" 型特征。随着分位点的增加，分位回归系数呈现微弱的先减小再增加趋势，说明在低收入雇员组和高收入雇员组，年龄增长对雇员收入增长的影响程度较大，而中等收入雇员组年龄增长的影响程度最小；但是男性雇员收入受年龄变化的影响普遍比女性雇员高，说明随着年龄增长，经验的积累对提高男性收入更为重要。

3. 民族

分位回归结果表明，民族变量在男性雇员收入方程中高度显著，汉族的男性雇员比非汉族的男性雇员收入略高，但是差异程度不大；在整个收入分布中，女性雇员各分位点的回归系数都不显著，女性雇员收入的民族差异不显著，显示了国家对少数民族流动人口优惠政策实施效果良好。

4. 户籍性质

户籍变量对雇员收入的影响在整个收入分布上高度显著，随着分位点的增高回归系数呈现快速增加的趋势，男性雇员在0.1、0.3、0.5、0.7、0.9百分位点上的回归系数分别为0.0242、0.0468、0.0797、0.1015、0.1570，女性雇员的分别为0.0392、0.0691、0.0995、0.1446、0.2100，回归结果表明非农户口对低收入雇员组收入的影响程度较低，对高收入雇员组收入的影响程度最高，户籍收入差异在高收入雇员组中最明显，非农户口更有利于提高高收入雇员的收入水平，尤其是女性流动人口中，非农业户口的雇员收入比农业户口高达21%。

5. 婚姻状况

婚姻状况对雇员收入的影响在男性雇员和女性雇员中差异较大，男性雇员分位数回归方程中0.1、0.3、0.5、0.7、0.9百分位点的回归系数分别为0.0940、0.1210、0.1426、0.1439、0.1767，并在1%的显著性水平下高度显著，而相应分位点女性收入回归系数为-0.0665、-0.0438、-0.0334、-0.0153、0.0067，大多方向为负，并且只在低收入组、中低收入组和中等收入组中显著，可以看出已婚的男性雇员收入最高，尤其是高收入组，已婚男性比未婚男性收入高17.67%，可以判断出对于男性雇员来说，婚姻家庭的稳固也是提高其工作效率的途径之一；女性雇员恰恰相反，已婚女性收入普遍比未婚低，越低收入组该现象越明显，直到最高收入组回归系数才逆转为正，但是不具有统计显著性。

6. 流动范围

流动范围变量对雇员收入的影响在1%显著性水平下高度显著，尤其是对女性雇员的影响程度在不同收入组大约超出男性雇员4个百分点，跨省流动的女性雇员比省内流动的女性雇员收入高12~16个百分点，反映出女性流动人口以更高成本的跨省流动获取较高的工资收入。

7. 行业

行业变量对雇员收入的影响在不同行业差异明显，分位数回归结果显示，男性雇员中，不同行业收入差异较大，收入最高的行业是建筑采掘及电力水生产供应业，在0.1、0.3、0.5、0.7、0.9百分位点，分别比农林牧渔业雇员收入高43.26%、30.97%、28.66%、27.15%、29.47%，该行业的雇员大多就业环境比较差，或者拥有一定的技能，从而获得的劳动报酬比其他行业高；其次是制造业，10%分位点的雇员收入比农林牧渔业雇员收入高34.35%，随后随着百分位点的增加分位回归系数逐渐减少，到70%分位点基本稳定在9.4%左右；社会服务及其他服务业的雇员收入在所有行业收入位居中等，批发零售业和住宿餐饮业雇员的收入与农林牧渔业雇员的收入差异除了在低收入组10%分位点显著外，在其他分布位置不具有统计显著性。女性雇员收入的分位回归系数在各分位点变化不一，但行业收入差异程度总体上低于男性雇员行业收入差异程度，在越高分位点这种现象越明显，所以“男怕入错行”不仅在男性雇主中成立，在男性雇员中同样是不争的事实，而女性雇员的行业收入差异则不明显。

8. 单位性质

雇员流动人口务工的单位性质对雇员收入的影响都很显著，机关事业单位、国有和集体企业、民营个体、三资企业四种单位性质中，收入最高的为三资企业，男性雇员中的差异比女性雇员的差异更大；而国有和集体企业与民营个体企业雇员的收入差异在整个收入分布都不大，但是都显著比机关事业单位的雇员收入高，原因在于机关事业单位的流动人口多为没有编制的合同工或者清洁工之类，他们大多在机关事业单位从事最苦最累的工作，收入也与正式职工相差甚远。

9. 社会资本

建立稳固的社会资本有助于流动人口获取更多的就业信息和经验交流，对提高流动人口收入具有一定的积极作用。男性雇员的分位回归结果显示，随着分位点的增加，社会资本的分位回归系数逐渐减小，也就是说通过建立与同乡及其他人的社会网络，更有利于低收入雇员提高其收入水平，这与经验研究结果中的“社会资本是富人的资本”不一致，流动人口群体的独特特征决定了低收入流动人口更需要广泛的社会网络提供丰富的就业信息；女性雇员的社会资本对其收入的影响在整个收入分布显著，但是分位回归系数并不像男性雇员分位回归系数随着分位点的增加而减小，其中与同乡之外的其他人交往比与同乡交往使收入提高的幅度更大，越高分位点这种差异越明显。

10. 主观幸福感

回归结果显示，主观幸福感不仅能够有效提高雇主收入水平，而且对雇员收入的影响也不容忽视，随着分位点的增加，分位回归系数稳步增加，并且各个分位点男性雇员的回归系数始终大于女性，说明男性雇员对主观幸福感的意识更强，感到幸福将愿意投入更多的精力到工作中，高收入组比低收入组的效果更明显，所以提升流动人口的主观幸福感，将是解决流动人口问题，提高流动人口收入的新举措。

11. 教育

增加教育投入、提高国民的平均受教育水平是支撑国家长远发展的战略性投资，但是流动人口的平均受教育程度普遍低于城镇居民，其教育收益率也比城镇居民的教育收益率低。雇员收入分位回归系数的变化趋势与城镇居民相似，即随着分位点的增加，不同分位点的教育收益率呈上升趋势，说明高收入组雇员的教育回报更高；引人注意的是女性雇员的教育收益率在各个分位点均高于男性雇员，原因可能是流动人口大多由农村迁移到城市，部分农村存有的重男轻女思想使得很多女性不能享受教育资源，所以少数有幸接受教育的女性雇员是她们中的佼佼者，在科技发达的城市取得较高的教育回报。

12. 工作时间

虽然工作时间的长短对雇主收入的影响不显著，但是对雇员收入的影响在整个收入分布都具有显著性，分位回归系数随着分位点的增加而增加，并且女性雇员的分位回归系数在整个收入分布均高于男性雇员，但是由于雇员一般按照单位作息时间上班，工作时间长度比较接近，所以工作时间虽然是影响雇员收入的显著变量，但是影响程度较低。

（二）分位数分解

根据分位数分解模型，对流动人口中雇员群体的性别收入差异进行分解，在0.1～0.9分位数之间，确定每个分位点的反事实工资收入，包括$\hat{q}(\hat{\beta}^{1,r0}, x^1)$和$\hat{q}(\hat{\beta}^0, x^1)$，其中$\hat{q}(\hat{\beta}^{1,r0}, x^1)$为残差效应保持不变时回归系数和变量共同变化的反事实工资收入，$\hat{q}(\hat{\beta}^0, x^1)$为残差和回归系数保持不变时变量变化的反事实工资收入，如表5-12所示。

表5-12　雇员反事实收入

百分位数	$\hat{q}(\hat{\beta}^{1,r0}, x^1)$	$\hat{q}(\hat{\beta}^0, x^1)$
0.1	7.4348	7.2334
0.2	7.5027	7.3014
0.3	7.6591	7.4578
0.4	7.7931	7.5917
0.5	7.8094	7.6081
0.6	7.8758	7.6744
0.7	8.0648	7.8447
0.8	8.1796	7.9782
0.9	8.4758	8.1408

接下来对0.1～0.9百分位点的雇员性别收入差异进行分解，测算出各个分位点的变量效应、特征回报效应（系数效应）和残差效应。分解结果如表5-13所示。

表 5-13　　雇员性别收入差异分位数分解结果

百分位数	总差异	变量效应	百分比（%）	系数效应	百分比（%）	残差效应	百分比（%）
0.1	0.2335	0.0537	22.99	0.2013	86.24	-0.0216	-9.23
0.2	0.2382	0.0401	16.83	0.2013	84.53	-0.0032	-1.35
0.3	0.2506	0.0115	4.59	0.2013	80.36	0.0377	15.05
0.4	0.2620	0.0612	23.38	0.2013	76.85	-0.0006	-0.23
0.5	0.2685	-0.0057	-2.10	0.2013	74.98	0.0728	27.12
0.6	0.2690	-0.0273	-10.16	0.2013	74.86	0.0949	35.30
0.7	0.2765	0.0502	18.15	0.2201	79.62	0.0062	2.23
0.8	0.2777	0.0668	24.04	0.2013	72.50	0.0096	3.46
0.9	0.2788	0.0540	19.37	0.3350	120.16	-0.1102	-39.53

通过各项效应的变化趋势图（见图 5-2），可以更直观地显示分解结果中变量效应、系数效应和残差效应的分位特征。

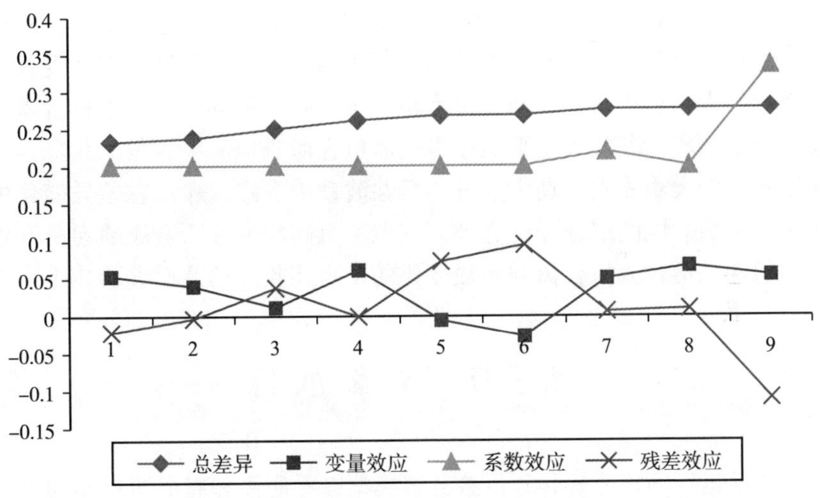

图 5-2　雇员性别收入差异分解结果趋势

分位数分解结果显示，雇员性别收入差异由低分位点到高分位点呈现上升趋势，由 0.1 百分位点的 0.2335 增加到 0.9 百分位点的 0.2788，表明高收入组的雇员收入差异比低收入组的雇员收入差异更大，这与前述雇主收入差异随着分位点的增加呈现下降趋势的结果截然相反，雇员和雇主两个身份不同的流动人口群体收入决定机理和工资结构的差异造就了两者分解结果的迥然不同。

造成雇员性别收入差异的最主要的原因是不同性别雇员的特征回报差异，即劳动力市场对男性雇员的偏爱高估了其劳动生产率，或者劳动力市场对女性雇员的歧视低估了其劳动生产率，从而系数效应的大小在整个收入分布一直保持在0.2以上，随着总差异绝对数的增加，其对总差异的贡献率呈现下降趋势，但贡献率始终不低于72%，尤其是0.9百分位点，分解结果偏离了收入分布的其他分位点，系数效应的大小超过了总差异，贡献率达到120%，显示高收入雇员组中性别歧视的严重程度。

而变量效应只解释了总差异的一小部分，在整个收入分布对总差异的贡献率处于25%以下，在0.5百分位数之前，变量效应数值为正，表明中低收入雇员组中，假设女性雇员享受与男性雇员相同的变量特征，则其反事实收入比实际收入水平高；而在0.5和0.6百分位点，变量效应为-0.0057和-0.0273，由此看出女性雇员的特征变量均值在收入分布的中间位置比男性雇员高，从而假设男性雇员与女性雇员的工资结构相同，则男性雇员的反事实收入反而会下降，所以也从另一方面说明雇员性别收入差异在有些时候并不是因为男性雇员比女性雇员自身素质高，即使女性雇员的特征变量均值大于男性雇员，但是由于性别歧视等多种因素的共同影响，男性雇员收入普遍高于女性；在0.7分位点及以上，变量效应数值转变为正，并且对总差异的贡献率保持在18%以上，说明高收入雇员组中男性雇员的特征变量总体上高于女性雇员，原因在于女性雇员大多在受教育水平和工作经验等方面劣于男性，即使努力跻身于高收入组群，也由于自身素质的劣势而显得力不从心，其收入水平低于男性雇员在所难免。

残差效应的大小先在波动中上升，后在波动中下降，表示总差异变化中除了变量效应、系数效应的解释程度之外，其他不可解释因素所造成的雇员性别收入差异，用男性雇员收入拟合值与系数变化的反事实收入的差额表示。

第三节　本章小结

本章先后运用均值分解和分位数分解模型，对雇主和雇员两种不同就业身份的流动人口群体内部的性别收入差距进行研究，从而对不同身份流动人口收入差距的诠释更加深刻。得出的主要结论如下：

（1）性别工资差异的均值分解结果显示，性别收入差异在雇员内部比雇主内部更严重，但是女性雇主所受到的直接歧视程度大于女性雇员。雇员之间的性别收入总差异为0.2435，说明男性雇员的对数小时收入的均值比女性雇员高很多，而男女雇主之间的对数工资收入均值的总差异仅为0.1809。

从特征效应来看，雇主性别收入差异的特征效应为0.0247，占总差异的

13.67%，雇员性别收入差异的特征效应为0.0325，占总差异的13.33%，说明不同性别的雇主以及不同性别的雇员由于拥有的个人资本、社会资本、主观幸福感等不同特征产生的差异较少，他们各自的特征变量均值差异较小很好地说明了这一点。

从系数效应来看，系数效应解释了性别收入差异的85%以上，说明在雇主流动人口群体和雇员流动人口群体中对女性的歧视是造成性别收入差异的重要因素，其中雇主群体由于对男性雇主的偏爱造成的反向歧视占14.76%，由于低估了女性雇主的劳动价值造成的对女性雇主的直接歧视占71.57%，所以女性雇主在劳动力市场上立足并拥有自己管理的公司确属不易；雇员群体的系数效应解释了总差异的86.67%，其中由于对男性雇员的偏爱造成的反向歧视占37.32%，由于对女性雇员劳动价值的低估造成的直接歧视占49.35%，表明女性雇员在劳动力市场上受到的不公平待遇不亚于女性雇主，两者都是流动人口群体中被歧视的群体。

（2）进一步的分位数分解结果显示，雇主内部的性别收入差异随着分位点的提高呈现减小趋势，而雇员内部的性别收入差异随着分位点的提高呈现扩大趋势，并且两者的分解结果表现各异。

雇主的性别收入差异较为明显，尤其在低分位点，对数月收入的总差异达到0.2329，说明低收入的雇主群体之间的收入差异比较大，随着分位点的增加，性别收入差异呈现下降的趋势，但始终保持在0.12以上，男性雇主和女性雇主的收入差距已成为不争的事实。变量效应呈现先下降，后在波动中上升的趋势；系数效应从0.2分位点处开始保持平稳中略有下降的态势，歧视一直是造成雇主性别收入差距的主要原因；残差效应先上升后在波动中下降。

雇员性别收入差异由低分位点到高分位点呈现上升趋势，由0.1百分位点的0.2335增加到0.9百分位点的0.2788，表明高收入组的雇员性别收入差异比低收入组的雇员性别收入差异更大，雇员和雇主两个身份不同的流动人口群体收入决定机理和工资结构的差异造就了两者分解结果的迥然不同。造成雇员性别收入差异的变量效应的解释程度较低，在整个收入分布对总差异的相对贡献率低于25%，甚至在中间的分位点表现为负；系数效应对总差异的贡献在整个收入分布保持在0.2以上，但是由于雇员的性别收入总差异的增长态势，系数效应在总差异中的比值呈现走低趋势；残差效应的大小表现为先在波动中上升，后在波动中下降。

第六章

流动人口收入差距对主观幸福感的影响研究

收入差距在学术界一般被认为具有负的公共物品特征，收入差距越大，带给人们的负面影响也越大，随着流动人口群体内部的收入差距问题日益凸显，其所带来的一系列社会和经济问题不容忽视。改革开放40年，中国逐渐地由注重经济增长转变为关注民生幸福，幸福感是人们的一种主观心理感受，是人类追求的最终目标，尤其是流动人口的幸福感成为衡量城镇化进程的关键因素。流动人口群体内部收入差距问题是否会对流动人口的幸福感产生一定的影响呢？两者之间呈现一种什么样的关系？本章针对流动人口的主观幸福感进行研究，重点检验流动人口的收入差距对主观幸福感的影响，这种影响在不同身份流动人口中是否存在差异，产生差异的原因何在等问题，这对于提高流动人口幸福感、充实我国居民主观幸福感的研究内容，具有积极的促进作用。本章接下来的结构安排如下：第一节阐述主观幸福感的产生机制，介绍幸福感的测量方法和计量模型；第二节通过绘制流动人口主观幸福感的分布直方图，了解其分布特征；第三节为流动人口收入差距对主观幸福感影响的实证研究，从个人和家庭两个层面的绝对收入和收入差距的基尼系数对主观幸福感的影响进行论证，研究其对主观幸福感的作用机制；第四节检验收入差距对主观幸福感的影响在流动人口不同类别群体中的异质性。

第一节　主观幸福感的产生机理和计量模型

一、主观幸福感的产生机理

心理学家普遍认为，幸福感是一种主观态度和感受，主要由认知和情感两个层面构成。幸福感在含义上与主观幸福感、生活满意度等概念一致，在本书中也不作区分。一个人幸福与否，不在于在他身上发生了什么事，而在于他对这件事以什么样的情感接受并作出反应，在认知上做出一定的理性加工，所以从某种角度来说，幸福也是一种能力。

主观幸福感是由人类心理活动作用的、大脑功能综合协调所产生的情感认知。娄伶俐（2010）基于神经心理学原理，分别从人的个性因素、享乐适应、期望水平和社会比较四个方面，将主观幸福感产生的生成机理归纳为“定值”原理、“享乐水车”效应、“满意水车”效应、“社会水车”效应，四种效应各自从不同方面对主观幸福感产生一定的影响或共同作用影响个体的主观幸福感。这种复杂的生成机理也是人类认知中枢和情感中枢交互作用的产物，包括接收外界情感刺激阶段、情感生成和初加工阶段、情感高级加工和认知阶段。接收外界情感刺激阶段中，人们只是简单地接受事物带给自己的情感变化，经简单的神经环路反射到大脑，并没有产生任何的情绪；情感生成和初加工阶段，主要是情感中枢的加工，在此过程中人们通过一定的生理反应表达基本情绪，并进一步与自己的人生经历、过去的情绪再现相结合进行情绪初级加工；情感高级加工和认知阶段，在情绪初级加工的基础上，依据自己的学习记忆，将其转化为认知模式，将情感进一步加工为带有一定社会价值和文化习俗的主观认知评价，即主观幸福感。

二、主观幸福感的测量

主观幸福感的测量是心理学家和社会学家长期探讨的一项课题，虽然他们对主观幸福感产生的心理机制做了详尽的阐述，但是若将这些生理神经数据准确地测算出来，并体现出幸福感的大小却是一大难题，所以生理测量法目前只能简单地通过测算被调查者的心率、血压、体温、脑电图等生理指标，来判断其处于情绪积极状态还是消极状态，并不能精确衡量幸福感的大小。经过对各种幸福感测量方法的综合比较，经济学家认为自陈报告法是目前幸福感测量的可信度最高的一种测量方法。

自陈报告法是指通过设计幸福感量表，运用提问、表格形式，对被调查者的各种与幸福感有关的积极、消极等情感进行询问，并对调查结果进行综合评分。量表的设计分单项目量表和多项目量表。单项目量表中只设计一个与幸福感有关的问题，根据被调查者的答案直接测算主观幸福感，该测算方法简单明了，在20世纪80年代之前受到广泛应用；多项目量表使用结构化问卷对人们的主观幸福感进行测量，是目前幸福感测量中最流行的设计方法，但是多个调查项目如何进行综合评估却众说纷纭，所以对于多项目量表如何测量出最理想的幸福感指数是幸福感理论研究的领域之一，这对于丰富和完善幸福感的测量方法具有一定的促进作用。然而，量表在使用过程中由于受被调查者情感因素的影响，不可避免地会产生一些偏差，例如人们在报告自己的幸福感时可能受到社会期望标准的影响，而过于乐观地报告了自己的幸福感，或者受自卫心理的影响，故意隐藏自己的负面情绪，虚假地报告了高于现实状况的主观幸福感，抑或在报告时受到调查环境、当时的情感等偶然性因素的影响，报告的主观幸福感与实际情况不符，但是一般在大样本调查中，这些偏差会正负相抵消，所以整体测量结果的准确性较高。

鉴于自陈报告法能够较为有效地测量主观幸福感，并被学术界公认为主观幸福感研究的首选工具，因此，本书主观幸福感的测量指标也选用自陈报告法的测量结果，在2013年流动人口动态监测调查问卷中涉及幸福感的一项问题为“与老家（流出地）相比，您现在是否感觉幸福?”，问题的答案依次为：“很幸福”“幸福”“一般”“不幸福”“很不幸福”。这种测量方法虽然只运用了单项目量表，但是学者们经过检验发现其具有心理测量学的充分性，具有优良的信度和效度（Veenhoven，1996）。

三、计量模型

国内外学者对主观幸福感的研究大多采用OLS或排序选择模型进行回归，鲁元平、王韬（2010）将各因素对主观幸福感的影响以幸福函数的形式体现出来，即 $H=f(P, E, I, \cdots)$，其中 H 表示被解释变量主观幸福感，$f(\cdot)$ 为函数的形式，P 表示影响主观幸福感的个人特征变量，如性别、民族、婚姻状况、宗教信仰、受教育水平等；E 表示影响主观幸福感的经济因素，如绝对收入、相对收入、收入差距、财政支出、失业率、通货膨胀率、城市规模等；I 表示影响主观幸福感的社会制度因素，如医疗制度、社会救助制度等。费雷里卡波纳和吉斯特（Ferrer-i－Carbonell & Frijters，2004）与伯纳德等（Bernard et al.，2004）发现在研究幸福感时这两种回归方法得到的回归参数的显著性和方向具有一致性，因此本书选择排序选择模型对主观幸福感进行回归，并将OLS回归结果作为排序选择模型的稳健性检验。

参考迪泰拉等（2003）和西纳等（2004）学者关于主观幸福感函数的设定，本书将流动人口主观幸福感函数形式设定为如下方程：

$$Happy_i = f(gini, \ln wage_i, x_i, \varepsilon_i) \tag{6-1}$$

式（6－1）中，$Happy_i$ 为流动人口的主观幸福感，$gini$ 为流动人口所在城市的收入不平等变量，用基尼系数表示，$\ln wage_i$ 为流动人口收入的对数变量，ε_i 为随机扰动项。

被解释变量 $Happy_i$ 是一个五项有序变量，所以本书选择Ordered Probit模型进行回归，Ordered Probit模型由麦凯尔威和扎维纳（Mckelvey & Zavoina，1975）率先提出并发展起来，该模型的被解释变量为不能直接测量、隐含的连续潜在变

量 y^*，潜变量 y^* 满足以下条件：当 $c_{j-1} \leqslant y^* \leqslant c_j$ 时，$y^* = j$，$j = 1, 2, 3, 4, 5$。其中 c_j 为阈值，且 $-\infty \leqslant c_j \leqslant +\infty$。

当 $Happy_i^*$ 低于一定临界值 c_1 时，流动人口感觉到“很不幸福”，赋值为1；当 $Happy_i^*$ 高于 c_1 而低于 c_2 时，流动人口感觉到“不幸福”，赋值为2；当 $Happy_i^*$ 高于 c_2 而低于 c_3 时，流动人口感觉到“一般”，赋值为3；当 $Happy_i^*$ 高于 c_3 而低于 c_4 时，流动人口感觉到“幸福”，赋值为4；当 $Happy_i^*$ 高于 c_4 而低于 c_5 时，流动人口感觉到“很幸福”，赋值为5。即：

$Happy_i = 1$，当 $Happy_i^* < c_1$

$Happy_i = 2$，当 $c_1 \leqslant Happy_i^* \leqslant c_2$

$Happy_i = 3$，当 $c_2 \leqslant Happy_i^* \leqslant c_3$

$Happy_i = 4$，当 $c_3 \leqslant Happy_i^* \leqslant c_4$

$Happy_i = 5$，当 $c_4 \leqslant Happy_i^* \leqslant c_5$

若式（6－1）中的随机误差项 ε_i 服从标准正态分布，标准正态分布的分布函数用 $\Phi(\cdot)$ 表示，那么流动人口的主观幸福感条件概率密度函数可以表示为：

$$\begin{aligned}\Pr(Happy = j \mid X) &= \Pr(c_{j-1} \leqslant Happy^* \leqslant c_j \mid X) \\ &= \Phi[c_j - f(X) \mid X] - \Phi[c_{j-1} - f(X) \mid X]\end{aligned} \qquad (6-2)$$

式中，$f(X)$ 为幸福感函数。在满足随机误差项 ε_i 与解释变量之间独立的条件下，运用最大似然估计法对流动人口的主观幸福感函数进行估计，即可得出一致估计量。

第二节　流动人口主观幸福感的分布特征

一、样本介绍

本章所用样本数据来源与前面各章相同，但是由于流动人口主观幸福感可能受到就业状态的影响，所以本节保留了包括失业、无业、退休等所有就业状态的流动人口。通过将含有缺失数据的样本进行删除，并删除调查项目为“您现在的主要职业是什么?”问题的答案为“无固定职业”“其他”的样本和调查项目“您现在就业的单位性质属于哪一类?”的答案为“其他”“无单位”的样本，共保留137272个有效样本作为流动人口主观幸福感的研究对象。

二、流动人口主观幸福感总体分布特征

流动人口由于其工作生活所在地与户籍所在地分离，有别于纯粹的城镇居民

或农村居民，而他们的主观幸福感是否也有自己独有的特征呢，接下来通过绘制主观幸福感的直方图来展示流动人口主观幸福感的分布状况。

图6－1是全部流动人口样本主观幸福感的直方图，图中幸福感对应的数值分别为1“很不幸福”、2“不幸福”、3“一般”、4“幸福”、5“很幸福”，结果显示流动人口中只有极个别人感觉“很不幸福”，感觉“不幸福”的比例也很小，仅占流动人口总数的1.44%，自我感觉幸福程度“一般”的流动人口占比35.88%，接近一半的流动人口感觉“幸福”，另有14.72%的流动人口感觉“很幸福”。所以综合来看，流动人口中感觉幸福及以上的人数占63%左右，幸福感程度为“一般”和“幸福”的占83%以上，从而可以判断出流动人口的主观幸福感平均介于“一般”和“幸福”之间，即介于3～4，流动人口的主观幸福感程度还有待进一步提高。接下来就流动人口中特征差异比较明显的不同性别流动人口群体、不同就业状态流动人口群体的主观幸福感差异通过直方图直观地显示出来。

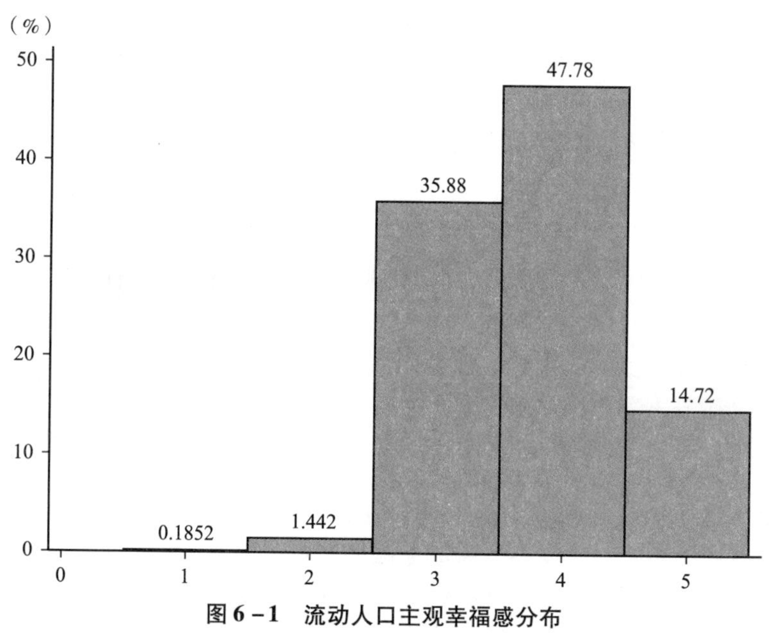

图6－1 流动人口主观幸福感分布

三、不同性别流动人口主观幸福感分布特征

流动人口中男性和女性由于从事工作类型和工作强度的不同，其主观幸福感存在一定的差异（见图6－2）。

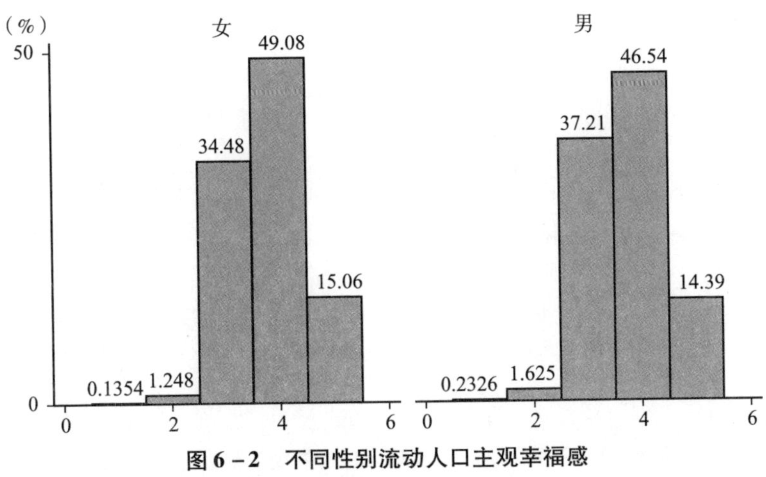

图6－2　不同性别流动人口主观幸福感

图6－2显示，女性流动人口自我感觉“很不幸福”“不幸福”“一般”“幸福”“很幸福”的比例分别为0.1354%、1.248%、34.48%、49.08%、15.06%，而对应的男性流动人口分别为0.2326%、1.625%、37.21%、46.54%、14.39%。由此我们发现女性流动人口中自我感觉“很不幸福”和“不幸福”的比例低于男性，同时自我感觉“幸福”和“很幸福”的比例高于男性，所以总体来说女性流动人口的主观幸福感高于男性流动人口。

四、不同就业状态的流动人口主观幸福感分布特征

全部流动人口中处于就业状态的占81.94%，处于无业、失业、退休或操持家务状态的流动人口占18.06%，所以流动人口中的大多数都在为生计而奔波。不同就业状态的流动人口，他们除了在收入方面存在巨大的差异，在对幸福感的主观感受上是否也表现出不一致呢？图6－3展示了两种不同就业状态的流动人口主观幸福感的差异。

由图6－3所显示的不同就业状态流动人口的主观幸福感分布有点出乎所料，一般而言，失业给人们心理上造成的损伤是不言而喻的，所以对于大多城镇居民而言，失业会使得人们产生焦虑、烦躁、生活压力增大等心理，使得主观幸福感降低，即失业给主观幸福感带来的应该是负面影响，处于失业状态的居民更多地表现为比就业状态的居民更不幸福（Di Tella et al.，2001；Stutzer，2004；Clark & Oswald，2006；Eggers，1994）。

而流动人口的主观幸福感却与城镇劳动力市场上的城镇居民表现出相反的特征，图6－3显示无业或失业状态的流动人口中足足一半的自我感觉“幸福”，感觉

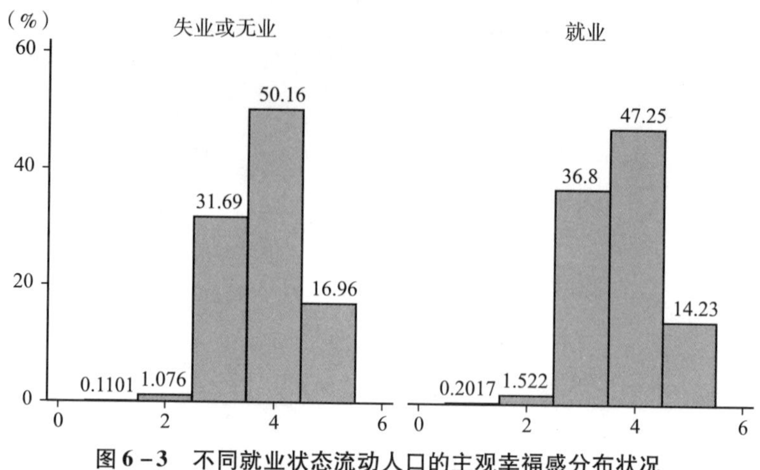

图6-3　不同就业状态流动人口的主观幸福感分布状况

"非常幸福"的占16.96%，感觉"一般"的占31.69%，仅有极少数感觉到自己"不幸福"或"很不幸福"；而就业状态的流动人口主观幸福感却稍显逊色，感觉"很不幸福""不幸福""一般"的比例分别为0.2017%、1.522%、36.8%，数值都大于失业或无业状态的流动人口，感觉"幸福"和"非常幸福"的比例又相对较小，分别为47.25%和14.23%，所占比例低于失业或无业状态的流动人口。

流动人口群体的这种异常现象笔者经过思考，认为原因可以从两个方面解释：一方面，经过核查原始数据发现，处于失业或无业状态的流动人口多数是在家里操持家务的女性流动人口，只有很少一部分处于真正的失业状态，而女性流动人口自身的主观幸福感就较高；另一方面，流动人口中的大多数为户口在农村、流入城市务工的农村居民，即使没有工作他们依然可以返乡务农，他们对是否失业作出的反应不像城镇居民那么敏感，或者说他们的字典里没有"失业"一词，所以是否失业对其主观幸福感的影响甚微。

第三节　流动人口收入差距对主观幸福感影响的实证分析

一、主要变量描述

本节研究的重点是流动人口收入差距对主观幸福感的影响，流动人口的主观幸福感是多种因素共同作用的心理感受，笔者主要从经济学角度分析流动人口群体内部的收入差距对其主观幸福感的作用。收入差距以国际上最为权威的基尼系数作为测度指标；关于收入对主观幸福感的影响，学者们一向将绝对收入和相对收入同时作为解释变量纳入模型，但鉴于本书采用的是2013年流动人口动态监测调查问卷的截面数据，在测算相对收入时，不管是将流动人口收入与城镇居民收入作对比还是与全国居民收入作对比，其结果都与绝对收入具有严重的多重共线性，所以笔者只采用流动人口的绝对收入作为幸福感的影响因素，并检验“埃斯特林悖论”在流动人口中是否存在。为了提高模型的估计精度和可靠性，将流动人口主观幸福感影响因素的其他控制变量纳入模型，以期得出有益的结论和建议。

（一）绝对收入和收入差距

本节测算的收入差距分为两个层次：一是流动人口个人收入差距，二是流动人口家庭总收入差距。分别计算出流动人口所在城市层面的个人收入差距和家庭总收入差距，339个城市分别计算出339个城市层面的基尼系数，个人收入差距均值为0.3192，最小值为0.0606，最大值为0.5898；家庭总收入差距均值为0.3470，最小值0.1265，最大值0.6562。由此可以看出流动人口群体中家庭总收入差距均大于个人收入差距，并且两者都已达到了不容忽视的水平；为了检验收入差距与主观幸福感是否存在非线型关系，分别将两类基尼系数的平方项引入幸福感函数。由于流动人口收入数值与其他变量的量纲差距较大，所以取其对数收入，包括个人收入对数和家庭总收入对数；同时为了检验“埃斯特林悖论”在流动人口群体中是否存在，收入函数中也引入了对数收入的平方项。

（二）控制变量

1. 特征变量

流动人口的特征变量主要表征流动人口自身所拥有的性别、民族、年龄、婚姻状况等不可替代的特征。幸福感函数中包含的特征变量包括分类变量和连续变量。分类变量主要有性别、民族、户口状况、婚姻状况、流动范围、住房性质、是否享有城镇职工医疗保险、社会资本变量等，都以虚拟变量的形式纳入模型。不同性别的流动人口由于主观感受不同，其幸福感可能有所差异，将性别“男”赋值为1，性别“女”赋值为0；民族合并为汉族和少数民族，“汉族”赋值1，“少数民族”赋值0；为了检验非农户口的流动人口是否比农业户口的流动人口更加幸福，引入户口状况变量，将“非农业户口”赋值为1，农业和其他户口合并为“农业户口”赋值为0；婚姻状况中将初婚、再婚、离婚、丧偶合并为“已婚”，赋值1，“未婚”赋值0；流动范围分为跨省流动、省内跨市流动和市内跨县流动，将省内跨市和市内跨县合并为“省内流动”，赋值0，“跨省流动”赋值1；住房性质变量将租住单位、租住私房、政府提供廉租房合并为“租住房”，赋值为1，将单位或雇主提供免费住房、借住房和就业场所合并为“单位提供或借住房”，赋值为2，将自购房和自建房合并为“自建或自购房”，赋值为3；流动人口中享受城镇职工医疗保险情况分为“是”和“否”两种，将“是”赋值1，“否”赋值0；社会资本变量用问卷中的问题“您业余时间在本地和谁来往最多（不包括顾客）?”作为观测变量，将户口在本地的同乡和户口在老家的同乡合并为“同乡”，将其他本地人和其他外地人合并为“其他人”，社会资本最后合并为三类，分别为1“很少与人来往”、2“其他人”、3“同乡”。年龄、受教育程度和同住的家庭成员数量以连续变量的形式纳入模型，其中受教育年限按照受教育程度折算成对应的受教育年数，受教育程度为小学、初中、高中、中专、大学专科、大学本科、研究生的受教育年限分别为6年、9年、12年、12年、15年、16年、18年；一般来说在外流动人口如果有家人陪伴，幸福感就越强，本节计算出了同住的家庭成员数量并引入幸福感函数。

2. 工作变量

流动人口在流入地的收入来源主要是务工收入，他们奋战在不同的行业，从事着不同的职业，单位类型也存在差异，工作时间有长有短，这些与工作有关的变量是否都会影响流动人口的主观幸福感呢？参考国民经济行业分类标准（GB/T 4754—2011），对流动人口所从事的行业进行分类合并，合并为6个行业：农林牧渔业、制造业、建筑采掘及电力水生产供应业、批发零售业、住宿餐饮业、社会服务及其他服务业，分别赋值为1“农林牧渔业”、2“制造业”、3“建筑采掘及电力水生产供应业”、4“批发零售业”、5“住宿餐饮业”、6“社会服务及其他服务业”；根据《中华人民共和国职业分类大典》，按照工作性质的同一性，结合流动人口的职业特征，流动人口职业分为六大类，分别是：国家机关、党群组织、企事业单位负责人，专业技术人员，公务员、办事人员和有关人员，商业、服务业人员，农林牧渔水利业生产人员，生产、运输设备操作及有关人员，分别赋值为1“农林牧渔水利业生产人员”、2“生产、运输设备操作及有关人员”、3“商业、服务业人员”、4“公务员、办事人员和有关人员”、5“专业技术人员”、6“国家机关、党群组织、企事业单位负责人”；根据流动人口的工作单位特性，划分为四个类型：机关事业单位、国有和集体企业、民营个体、三资企业，分别赋值为1“机关事业单位”、2“国有和集体企业”、3“民营个体”、4“三资企业”；关于流动人口的工作时间，首先将每周工作天数以连续变量形式纳入模型，每天工作时间以工作时间8个小时为标准，分为“每天工作8个小时以上”和“每天工作8个小时以下”两类，分别赋值1和0。

3. 区域变量

流动人口流入地的省份和城市分布在全国各地，不同的区域由于文化背景、基础设施建设的不同，带给流动人口的幸福感受存在一定的差异。按照中国区域划分标准，将地区变量合并为“东部”“中部”“西部”，赋值为1“东部”、2“中部”、3“西部”。

4. 就业身份

流动人口的就业身份包括雇员、雇主、自营劳动者、家庭帮工四种类型，由于家庭帮工的工作性质与雇员类似，将其与雇员合并为“雇员”，赋值1，“雇主”“自营劳动者”分别赋值为2、3；就业身份的不同是否会影响流动人口的主观幸福感呢？雇主是否比雇员或自营劳动者更加幸福呢？因此将流动人口的就业身份纳入模型研究其对流动人口主观幸福感的影响很有必要。

5. 生活感受与意愿

基于古典经济学的效用理论，感受效用即为经济学的幸福感，是人们对于生活情境作出的真实的、稳定的、全面的心理感受，生活感受与意愿作为影响主观幸福感的“软指标”，体现在多个方面，对于流动人口的主观幸福感，笔者主要从是否参加社区活动、对所在城市及当地人的看法、长期居住意愿三个方面的影响进行研究，其中社区活动包括社区文体活动、社会公益活动、计划生育协会活动、社区卫生健康教育活动、选举活动，“参加”赋值为1，“不参加”赋值为0；对所在城市及当地人的看法包括五个问题：我喜欢我现在居住的城市、我关注我现在居住城市的变化、我很愿意融入本地人当中、我觉得本地人愿意接受我成为其中一员、我感觉本地人总是看不起外地人，每个问题的回答分四个同意程度：“完全不同意”“不同意”“基本同意”“完全同意”，分别赋值为1、2、3、4；长期居住意愿体现在两个方面：如果没有任何限制，您是否愿意把户口迁入本地？回答选项包括1“愿意”、2“不愿意”、3“没想好”；您是否打算在本地长期居住（5年及以上）？回答选项包括1“打算”、2“不打算”、3“没想好”。

二、相关性分析

在建立幸福感函数之前，首先运用散点图直观地显示收入差距与主观幸福感的关系，图6－4是流动人口所在城市层面的个人收入差距与主观幸福感的散点图，图6－5是流动人口所在城市层面的家庭总收入差距与主观幸福感的散点图。

图6－4和图6－5显示不论是流动人口个人收入差距还是家庭总收入差距，都对主观幸福感有一定的负面影响，从而我们初步判断收入差距不利于流动人口主观幸福感的提升，接下来通过实证研究探析收入差距与主观幸福感之间的关系。

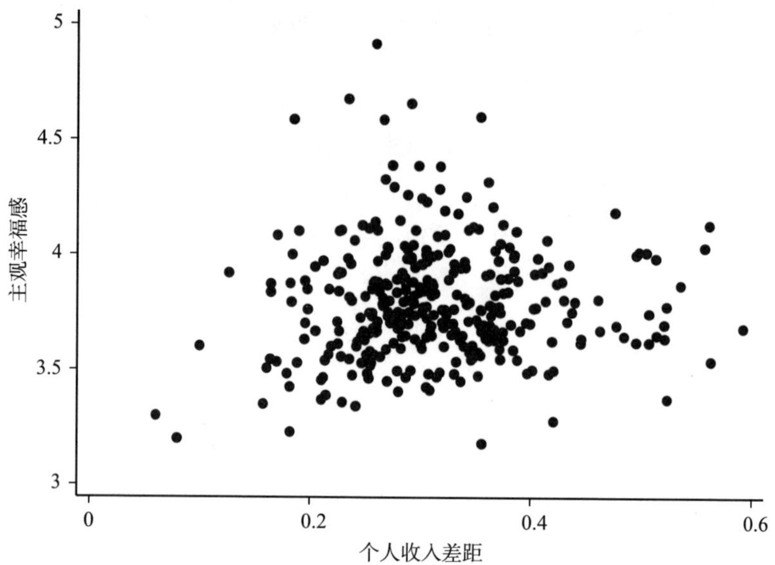

图 6-4　流动人口个人收入差距与主观幸福感的散点图

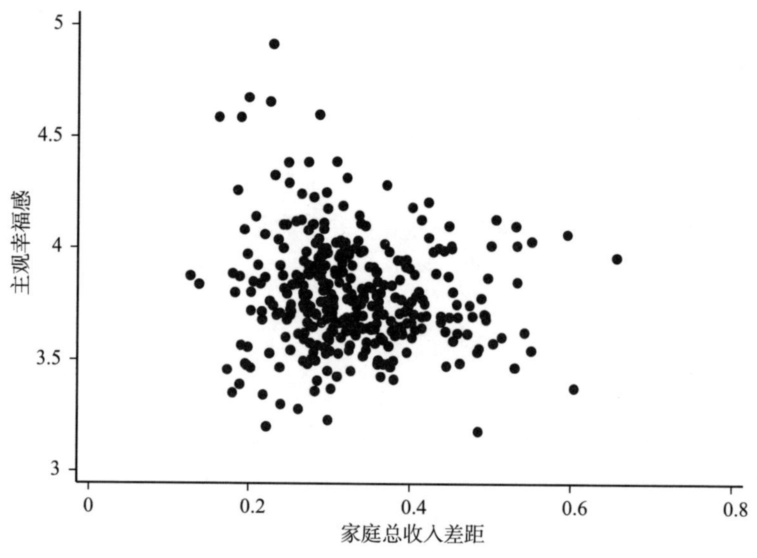

图 6-5　流动人口家庭总收入差距与主观幸福感的散点图

三、收入差距对主观幸福感影响的实证研究

（一）流动人口主观幸福感有序 Probit 回归

主观幸福感按照幸福程度分成五个等级，属于排序数据，因此首先运用有序

Probit 模型，同时控制绝对收入和收入差距之外的其他变量，对流动人口主观幸福感进行 Ordered Probit 回归，回归结果如表 6 - 1 所示。模型一考察的是主观幸福感与绝对收入、收入差距的线性关系，模型二中纳入了绝对收入和收入差距的平方项，进一步考察非线性关系。

表 6 - 1　　　　　　流动人口主观幸福感的有序 Probit 回归模型

解释变量		模型一		模型二	
		回归系数	t 值	回归系数	t 值
个人收入差距	一次项	-0.303 **	-3.23	-2.786 ***	-6.76
	二次项			3.546 ***	6.13
对数个人收入	一次项	0.0721 ***	8.78	0.147	1.64
	二次项			-0.00477	-0.85
家庭总收入差距	一次项	-1.019 ***	-11.4	-3.070 ***	-6.07
	二次项			2.974 ***	4.29
对数家庭总收入	一次项	0.0850 ***	9.55	0.305 ***	3.39
	二次项			-0.0128 *	-2.44
家庭成员数		0.0213 ***	5.37	0.0212 ***	5.35
区域（以东部为参照组）	中部	0.0749 ***	6.54	0.0839 ***	7.19
	西部	0.00575	0.58	0.0116	1.17
性别		-0.0148	-1.73	-0.0154	-1.81
年龄项	年龄	-0.0158 ***	-5.04	-0.0164 ***	-5.23
	年龄的平方	0.000226 ***	5.27	0.000236 ***	5.48
民族		-0.0158	-1.09	-0.0104	-0.72
受教育程度		-0.0114 ***	-6.99	-0.0108 ***	-6.62
户籍性质		-0.0289 **	-2.73	-0.0290 **	-2.73
婚姻状况		0.0636 ***	4.74	0.0601 ***	4.47
流动范围		-0.0764 ***	-9.54	-0.0777 ***	-9.69
行业（以农林牧渔业为参照组）	制造业	0.0133	0.25	0.00276	0.05
	建筑及电力水生产	0.00612	0.11	-0.00275	-0.05
	批发零售业	0.0408	0.77	0.033	0.62
	住宿餐饮业	0.0135	0.25	0.00752	0.14
	社会服务及其他	0.00762	0.14	0.00196	0.04

续表

解释变量		模型一		模型二	
		回归系数	t 值	回归系数	t 值
职业（以农林牧渔水利业生产人员为参照组）	生产、运输设备操作	0.0243	0.45	0.0216	0.4
	商业、服务业人员	0.0165	0.31	0.0174	0.33
	公务员、办事人员	0.127 *	2.1	0.122 *	2.02
	专业技术人员	-0.00256	-0.05	-0.00484	-0.09
	国家机关、党群组织、企事业单位负责人	0.12	1.67	0.119	1.66
单位性质（以机关事业单位为参照组）	国有和集体单位	-0.0991 ***	-3.61	-0.0984 ***	-3.58
	民营个体	-0.0412	-1.6	-0.0399	-1.55
	三资企业	-0.0361	-1.17	-0.0331	-1.07
就业身份（以雇员为参照组）	雇主	0.0177	1.38	0.0187	1.46
	自营劳动者	-0.0105	-0.99	-0.0124	-1.17
每周工作天数		-0.0105 *	-2.56	-0.0114 **	-2.78
每天工作时间是否超过 8 小时		-0.0576 ***	-3.52	-0.0574 ***	-3.51
住房性质（以租住房为参照组）	单位提供或借住房	-0.0475 ***	-5.04	-0.0471 ***	-4.98
	自建或自购房	0.187 ***	16.49	0.189 ***	16.64
	城镇职工医疗保险	-0.0251 *	-2.55	-0.0202 *	-2.05
社会资本（以很少与人来往为参照组）	与其他人来往多	0.144 ***	11.28	0.143 ***	11.25
	与同乡来往最多	0.144 ***	11.68	0.144 ***	11.69
是否在本地参加以下活动	社区文体活动	0.0890 ***	9.46	0.0898 ***	9.53
	社会公益活动	0.00188	0.23	0.00316	0.38
	计划生育协会活动	0.0684 ***	7.77	0.0690 ***	7.84
	社区卫生、健康活动	0.0665 ***	7.43	0.0683 ***	7.62
	选举活动	0.0455 ***	3.74	0.0469 ***	3.85
是否有以下习惯	看电视/电影/录像	-0.0601 ***	-5.49	-0.0599 ***	-5.47
	棋牌/麻将/电脑游戏	-0.0198 *	-2.47	-0.0206 *	-2.57
	上网浏览/通讯	0.0287 ***	3.36	0.0281 **	3.29
	吸烟	0.0597 ***	6.75	0.0598 ***	6.76
我喜欢我现在居住的城市（以完全不同意为参照组）	不同意	-0.432 ***	-7.36	-0.433 ***	-7.37
	基本同意	0.0569	1.07	0.0538	1.02
	完全同意	0.464 ***	8.7	0.460 ***	8.62

续表

解释变量		模型一		模型二	
		回归系数	t 值	回归系数	t 值
我很愿意融入本地人当中成为其中一员（完全不同意为参照组）	不同意	0.0125	0.25	0.0129	0.26
	基本同意	0.216***	4.51	0.217***	4.53
	完全同意	0.311***	6.43	0.313***	6.46
我感觉本地人总是看不起外地人（以完全不同意为参照组）	不同意	-0.279***	-31.43	-0.275***	-30.97
	基本同意	-0.467***	-40.45	-0.460***	-39.72
	完全同意	-0.420***	-22.86	-0.415***	-22.56
是否愿意把户口迁入本地？（以愿意为参照组）	不愿意	-0.352***	-35.08	-0.358***	-35.64
	没想好	-0.327***	-33.3	-0.332***	-33.73
是否打算在本地长期居住（以打算为参照组）	不打算	-0.363***	-29.1	-0.363***	-29.06
	没想好	-0.248***	-26.14	-0.248***	-26.12
家庭每月总支出		-0.0454***	-5.63	-0.0447***	-5.53
样本容量		109069		109069	
LR chi^2		31578.31		31682.94	
Pseudo R^2		0.1347		0.1351	

注：***、**和*分别表示在0.01、0.05和0.10的显著性水平下显著。

1. 收入差距对流动人口主观幸福感的影响

表6-1模型一的回归结果显示，个人收入差距的基尼系数和家庭总收入差距的基尼系数都对流动人口的主观幸福感有显著的负面影响，这与多数学者的研究结论一致，收入差距的扩大不利于流动人口主观幸福感的提升，并且家庭总收入差距的影响程度更大；模型二中加入了收入差距的二次项以后，收入差距的显著性仍在1%的显著性水平下高度显著，一次项系数仍为负，二次项系数为正，说明收入差距与流动人口主观幸福感之间存在显著的“U”型关系。“U”型曲线的拐点在个人收入差距中为0.39，在家庭总收入差距中为0.52，即当个人收入差距低于0.39，或者家庭总收入差距低于0.52时，随着收入差距的扩大，流动人口的主观幸福感随着收入差距的扩大呈下降趋势，当个人收入差距高于0.39，或者家庭总收入差距高于0.52时，流动人口主观幸福感随着收入差距的扩大呈增强趋势。这与王鹏（2011）根据2006年中国社会综合调查数据进行经验研究得出的结论相悖，王鹏（2011）运用OLS模型估计出的中国居民收入差距与主观幸福感之间呈现倒“U”型关系，倒“U”型曲线的拐点为基尼系数等于0.4，即当中国居民收入差距低于0.4时，主观幸福感随着收入差距的增大而

提升，当基尼系数高于0.4时，主观幸福感随着收入差距的增大而减弱。但是笔者认为收入差距与主观幸福感之间的倒“U”型关系值得商榷。

笔者经过思考，认为流动人口收入差距与主观幸福感的“U”型关系是合理的，原因在于当收入差距位于临界点之下时，流动人口对收入差距产生与生俱来的厌恶感，他们经过与同类人群收入的比较，认为同为流动人口，别人的收入比自己高就是不公平的，这种不公平感使得自己情绪低落、产生负面心理，“负向隧道效应”占据心理主导，主观幸福感随之降低；而当收入差距高于临界点时，他们不得已从心理上逐渐接受了这种收入差距，不再纠结于此，抑或他们逐渐看到了自己未来的希望，“正向隧道效应”发挥作用，主观幸福感也就随之逐步上升了。

但是目前我国流动人口个人收入差距均值为0.3192，家庭总收入差距均值为0.3470，可以看出不论是个人收入差距还是家庭总收入差距，都处于“U”型曲线拐点的左边，流动人口收入差距对主观幸福感的影响目前仍为负向作用，所以现阶段提高流动人口的主观幸福感还需从缓解其群体内部的收入差距着手。

2. 绝对收入对流动人口主观幸福感的影响

模型一中的个人收入和家庭总收入对流动人口主观幸福感的回归系数都在1%的显著性水平下高度显著，方向为正，说明稳定的收入仍然是流动人口主观幸福感的基础，提高流动人口收入依然是增强主观幸福感的重要举措；模型二在纳入了个人收入和家庭总收入的二次项以后，一次项系数仍为正，二次项系数为负，但是个人收入的影响不再显著，只有家庭总收入的一次项和二次项系数显著，该结果说明“埃斯特林悖论”在流动人口的家庭总收入中成立，即随着家庭总收入的增加，流动人口的主观幸福感增强，家庭总收入增长到一定程度时幸福感则呈现下降趋势，但“埃斯特林悖论”在个人收入中不具有统计显著性。郝身永（2013）也发现收入对主观幸福感的影响并不总是显著的，而收入差距的影响却是显著稳健的。原因在于虽然流动人口比较看重个人收入的高低，但有时候单凭一个人的收入负担整个家庭的支出会使得生活质量下降，而如果整个家庭的总收入较高，则个人负担就较轻，生活压力较小，从而主观幸福感较强。另外，回归结果显示，流动人口的家庭总支出越高，其主观幸福感则越低，也可以归因于家庭支出高使得流动人口生活负担压力大，降低了主观幸福感。

3. 控制变量对流动人口主观幸福感的影响

除了流动人口绝对收入和收入差距对主观幸福感的影响具有其特殊性之外，其他变量的影响也有其区别于城镇居民之处，所以接下来一一阐述控制变量对流动人口主观幸福感的影响。控制变量对流动人口主观幸福感的影响在模型一和模型二中系数的大小、方向和显著性相差无几，也进一步说明绝对收入和收入差距与主观幸福感的非线性关系存在。

（1）特征变量。家庭成员数对流动人口主观幸福感具有显著的正面影响，这符合大多数流动人口的心理特征，流动人口中的大部分来自农村，他们深受“人丁旺盛”的传统思想影响，认为拥有一个大家庭是人生一大幸事，并且如果这些成员团聚在一起则更是“人间天堂”，因此同住的家庭成员数量越多，流动人口的主观幸福感越强。

不同性别流动人口的主观幸福感差异不显著，这与多数研究得出的女性流动人口更加幸福的结论稍有出入，原因可能是女性流动人口大多是生活所迫离开老家流入城市务工，所从事的工作并不像城镇女性那么体面轻松，繁重的生活压力加上不理想的工资收入和工作环境，使她们并不比男性流动人口更加幸福。

不同年龄流动人口的主观幸福感呈现“U”型特征，拐点出现在35岁左右，随着年龄的增长，流动人口所要承担的生活负担较重，面临着“上有老，下有小”的生活压力，而35岁之前多数流动人口的原始积累并不是那么丰裕，面临的压力却越来越大，所以主观幸福感呈现下降趋势，而在过了35岁以后，他们工作基本稳定，进入人生巅峰期，幸福感呈现上升态势。

受教育程度对流动人口主观幸福感的影响在1%的显著性水平下显著为负，流动人口的受教育程度越高，其主观幸福感越低，这与鲁元平（2011）、王鹏（2011）、胡洪曙、鲁元平（2012）、任海燕、傅红春（2012）、赵新宇等（2013）、覃一冬等（2014）通过经验研究得出的受教育程度对主观幸福感的正向影响相悖，而经过对比发现，他们的研究对象都是针对全国居民或者城镇居民，并不是针对流动人口，流动人口的受教育程度与主观幸福感之所以呈现负向影响的原因，可能在于流动人口并没有像城镇居民那样，通过更高的教育获取到了更高的收入、更体面的工作、更高的社会地位和更好的工作岗位；同时，经过计算，受教育程度与流动人口收入的相关系数仅为0.1748，两者的相关关系虽然为正，但是相关系数数值却不高，说明他们没有从中获得所期望的教育收益，而是与其他学历低的流动人口一样从事着简单枯燥的体力劳动，感觉英雄无用武之地，产生了一定的抑郁心理，不利于主观幸福感的提高。

非农户口对流动人口主观幸福感的影响显著为负，表明农业户口农民工的主观幸福感比非农户口的流动人口更强，原因可能是：一方面，农业户口是他们的“避风港”，一旦在流入地工作生活不顺心，他们可以返乡务农，并且国家针对农村的惠民政策越来越多，减少了他们生活的后顾之忧；另一方面，拥有农业户口的农民工对收入和生活的期望值较低，收入预期越低，人们的主观幸福感就越强。

已婚流动人口的主观幸福感更强，这与主观幸福感研究的婚姻状况结论一致。跨省流动人口的主观幸福感比省内流动人口低，一般跨省流动离开户籍地较远，家庭关系相对疏远，亲情关系也渐淡薄，不利于主观幸福感的萌生。

就业身份对流动人口主观幸福感的影响不显著，虽然前述的分解结果显示不同就业身份流动人口之间的收入差距解释了总收入差距的主要部分，但并不是人们所预想的那样雇主和自营劳动者就一定比雇员幸福，这更加说明身份不是衡量人们幸福与否的标准，雇主未必比雇员幸福。

工作时间的长短对流动人口主观幸福感的影响显著为负，工作时间长会使得流动人口享受生活和娱乐的时间过少，工作压力长期得不到释放不利于身心健康，从而间接地对主观幸福感产生不利影响，尤其是每天工作时间超过 8 个小时的人幸福感程度更低。

享受城镇职工医疗保险对流动人口主观幸福感的影响为负，该结论目前无法用经济学理论进行解释，只能归因于流动人口特殊的心理需求。

住房性质对流动人口主观幸福感的影响在 1% 的显著性水平下高度显著，以租住房的流动人口为参照组，单位提供住房或借住房的流动人口主观幸福感最低，自建房或自购房的流动人口主观幸福感最高。这与中国传统的安居乐业思想紧密相关，流动人口在流入地同样希望安居，居无定所使他们心理缺乏安全感，而通过自购房或自建房却能够缓解流动人口的流动性约束，降低家庭预防性储蓄需求，从而提高生活质量，有利于主观幸福感的提升。

社会资本变量对流动人口主观幸福感的影响在 1% 的显著性水平下高度显著，与很少与人来往的流动人口相比，与同乡来往较多或者与同乡之外的其他人来往较多，都有助于提高流动人口主观幸福感，因此流动人口身在他乡应该多与人交流来往，通过建立稳固友好的社会资本，排解工作压力，营造幸福的生活环境。

（2）工作变量。流动人口的工作变量主要涉及从事行业、职业类型、所在单位性质等变量，表 6 – 1 的回归结果显示，流动人口所从事的行业变量对主观幸福感的影响都不具有统计显著性，说明不同行业的流动人口主观幸福感的差异性不显著，行业不是决定流动人口主观幸福感高低的因素；职业变量中只有公务员、办事人员和有关人员比农林牧渔业从业人员的主观幸福感在 10% 的显著性水平下显著略高；单位性质变量只有国有和集体单位的流动人口主观幸福感显著低于机关事业单位的流动人口，在民营个体企业和三资企业工作的流动人口的主观幸福感不显著低于机关事业单位的流动人口。由此可以看出，虽然流动人口行业收入差距明显，但流动人口不会因为所从事的行业不同、职业类型有差异以及所在单位性质不一样，而产生主观幸福感差异，工作变量本身不是影响主观幸福感的主要因素，日常生活中也很少听到有人因为从事某种行业而感到不幸福，抑或国家机关、党群组织、企事业单位负责人比农林牧渔水利业生产人员等其他职业类型人员更加幸福。

（3）区域变量。流入不同区域的流动人口其主观幸福感存在一定的差异，回归结果显示中部地区的流动人口主观幸福感最强，西部地区和东部地区流动人口的主观幸福感差异不具有统计显著性。为什么虽然中部地区流动人口的平均收入比东部地区低，而其主观幸福感却高于东部呢？原因在于中部地区的生活步伐不如东部地区那么快，竞争不是那么激烈，工作压力相对较小，生活舒适度较高，幸福感也就较强。

（4）生活习惯、感受与意愿。良好的生活习惯有益于身心健康，同样有利于提升流动人口主观幸福感。回归结果显示，流动人口经常参加社区文体活动、社区公益活动、计划生育协会活动、社区卫生健康教育活动等，比不参加此类活动的流动人口更加幸福，具有良好的生活习惯如上网浏览新闻、读书看报学习等有助于提升主观幸福感，而不好的生活习惯如电视、棋牌麻将、电脑游戏等娱乐不利于主观幸福感的提升，但是有吸烟习惯的流动人口却比不吸烟的流动人口更加幸福，可能是吸烟者觉得吸烟能缓解压力，暂时性忘却生活中的苦恼。对所在城市及本地人的看法也在一定程度上影响着流动人口的主观幸福感，总体来说，若流动人口喜欢现在居住的城市、关注现在居住城市的变化、很愿意融入本地人当中成为其中一员、觉得本地人愿意接受我成为其中一员，则主观幸福感越强，而如果流动人口感觉本地人总是看不起外地人，则其主观幸福感显著低于不同意此说法的流动人口，从而可以看出流动人口的主观意愿显著地影响着其幸福感，尤其是一旦感觉到本地人看不起自己，产生严重的自卑心理，幸福感显著下降。居住意愿对流动人口主观幸福感的影响在1%的显著性水平下高度显著，愿意把户口迁入本地、打算在本地长期居住的流动人口，主观幸福感远远高于不愿意把户口迁入本地或不打算在本地长期居住的流动人口。因此，从情感上关心流动人口，从心理上接受流动人口，使他们喜欢并真正融入居住的城市，从而有将户口迁入并长期居住的主观意愿，是提高流动人口主观幸福感的重要途径。

（二）稳健性检验

为了检验流动人口收入差距对主观幸福感的影响的 Ordered Probit 回归结果是否具有稳健性，接下来选取同样的解释变量，对主观幸福感进行 OLS 回归，回归结果如表 6－2 所示。在进行 OLS 回归时，第一步同样只引入绝对收入和收入差距的一次项，考察绝对收入和收入差距对主观幸福感影响的线性关系（见模型一），第二步引入绝对收入和收入差距的二次项，考察非线性关系（见模型二）。

表 6－2　　流动人口主观幸福感的 OLS 回归结果

解释变量		模型一		模型二	
		回归系数	t 值	回归系数	t 值
个人收入基尼系数	一次项	－0.170***	－3.31	－1.516***	－6.71
	二次项			1.923***	6.06

续表

解释变量		模型一		模型二	
		回归系数	t 值	回归系数	t 值
对数收入	一次项	0.0397***	8.8	0.078	1.58
	二次项			-0.00243	-0.79
家庭总收入基尼系数	一次项	-0.565***	-11.54	-1.669***	-6.03
	二次项			1.602***	4.22
对数家庭总收入	一次项	0.0464***	9.52	0.160**	3.25
	二次项			-0.00660*	-2.3
家庭成员数		0.0115***	5.29	0.0114***	5.27
区域变量（以东部为参照组）	中部	0.0410***	6.54	0.0458***	7.18
	西部	0.00272	0.5	0.00582	1.07
性别		-0.00818	-1.75	-0.00852	-1.82
年龄项	一次项	-0.00866***	-5.06	-0.00899***	-5.25
	二次项	0.000125***	5.31	0.000130***	5.51
民族		-0.00901	-1.14	-0.00618	-0.78
受教育年限		-0.00624***	-7.29	-0.00592***	-6.63
户口性质		-0.0162**	-2.79	-0.0162**	-2.8
婚姻状况		0.0347***	4.72	0.0329***	4.46
流动范围		-0.0422***	-9.63	-0.0429***	-9.78
行业变量（以农林牧渔业为参照组）	制造业	0.00871	0.3	0.00275	0.09
	建筑及电力水生产	0.0045	0.15	-0.000505	-0.02
	批发零售业	0.0236	0.81	0.0191	0.66
	住宿餐饮业	0.0088	0.3	0.0053	0.18
	社会服务及其他	0.00528	0.18	0.00193	0.07
职业（以农林牧渔水利业生产人员为参照组）	设备操作人员	0.0123	0.42	0.0112	0.38
	商业、服务业人员	0.00752	0.26	0.00835	0.29
	公务员、办事人员	0.0685*	2.07	0.0665*	2.01
	专业技术人员	-0.00308	-0.1	-0.00395	-0.13
	国家机关、党群组织、企事业负责人	0.0656	1.67	0.0654	1.67

续表

解释变量		模型一		模型二	
		回归系数	*t* 值	回归系数	*t* 值
单位性质（以机关事业单位为参照组）	国有和集体单位	-0.0531***	-3.53	-0.0526***	-3.5
	民营个体	-0.0217	-1.53	-0.0209	-1.48
	三资企业	-0.0181	-1.07	-0.0165	-0.98
就业身份（以雇员为参照组）	雇主	0.0104	1.48	0.0108	1.54
	自营劳动者	-0.00546	-0.94	-0.00652	-1.12
每周工作天数		-0.00570*	-2.54	-0.00617**	-2.75
每天工作时间是否超过8小时		-0.0319***	-3.56	-0.0317***	-3.55
住房性质（以租住房为参照组）	单位提供或借住房	-0.0259***	-5.02	-0.0257***	-4.97
	自建或自购房	0.104***	16.76	0.105***	16.92
是否享受城镇职工医疗保险		-0.0136*	-2.52	-0.0110*	-2.03
社会资本（以很少与人来往为参照组）	与其他人来往多	0.0790***	11.34	0.0788***	11.31
	与同乡来往最多	0.0786***	11.68	0.0786***	11.69
是否在本地参加以下活动	社区文体活动	0.0493***	9.55	0.0497***	9.63
	社会公益活动	0.000477	0.1	0.00118	0.26
	计划生育协会活动	0.0378***	7.82	0.0381***	7.89
	社区卫生教育活动	0.0363***	7.4	0.0373***	7.59
	选举活动	0.0250***	3.75	0.0257***	3.85
是否有以下习惯	看电视/电影/录像	-0.0313***	-5.23	-0.0312***	-5.21
	棋牌/麻将/游戏	-0.0109*	-2.49	-0.0114**	-2.6
	上网浏览/通讯	0.0153**	3.27	0.0150**	3.21
	读书/看报/学习	0.0107*	2.47	0.00940*	2.18
	参加文艺/体育活动	-0.00486	-0.86	-0.00448	-0.79
	吸烟	0.0325***	6.71	0.0325***	6.71
我喜欢我现在居住的城市（以完全不同意为参照组）	不同意	-0.210***	-6.51	-0.210***	-6.52
	基本同意	0.0392	1.34	0.0375	1.29
	完全同意	0.266***	9.07	0.264***	8.99
我很愿意融入本地人当中，成为其中一员（以完全不同意为参照组）	不同意	0.0148	0.55	0.015	0.56
	基本同意	0.119***	4.55	0.119***	4.57
	完全同意	0.173***	6.55	0.174***	6.59

续表

解释变量		模型一		模型二	
		回归系数	t 值	回归系数	t 值
我感觉本地人总是看不起外地人（以完全不同意为参照组）	不同意	-0.155***		-0.153***	
	基本同意	-0.257***	-40.76	-0.252***	-40.02
	完全同意	-0.231***	-22.9	-0.228***	-22.61
是否愿意把户口迁入本地？（以愿意为参照组）	不愿意	-0.194***	-35.43	-0.198***	-35.98
	没想好	-0.182***	-33.89	-0.184***	-34.32
是否打算在本地长期居住（以打算为参照组）	不打算	-0.197***	-29.04	-0.197***	-29
	没想好	-0.138***	-26.51	-0.138***	-26.49
家庭每月总支出		-0.0245***	-5.56	-0.0242***	-5.45
常数项		3.440***	55.02	3.223***	14.26
样本容量		109069		109069	
Adj R^2		0.2524		0.253	

注：***、**和*分别表示在0.01、0.05和0.10的显著性水平下显著。

表6-2的OLS回归结果显示，模型的拟合优度分别达到0.2524和0.2530，模型的整体显著性较高，解释变量对主观幸福感的解释程度较高，模型的优良性较好。对比OLS模型和表6-1中的Ordered Probit模型的回归结果，可以看出各个解释变量对主观幸福感影响的方向和显著性完全一致，因此可以判断出表6-1中主观幸福感的Ordered Probit模型的回归结果是稳健的，各个解释变量的影响是有理论依据和统计意义的，研究结论的可靠性毋庸置疑。由于前面已将收入差距对流动人口主观幸福感的影响做了详细阐述，故OLS回归结果不再赘述。

第四节　收入差距对主观幸福感影响的异质性研究

一、收入差距对主观幸福感影响的异质性检验

流动人口主观幸福感与收入差距之间存在的“U”型关系已经被证实显著存在。但是流动人口群体中存在着特征差异明显的群体，如雇员、雇主和自营劳动者三种不同就业身份的流动人口、男性和女性流动人口、农业户籍的农民工和非农户籍的城市流动人口、已婚和未婚的流动人口、不同受教育程度的流动人口

等，在这些不同的群体之间，收入差距对主观幸福感的影响是否具有异质性呢？对于这一问题，很多人直接通过对不同组群流动人口的主观幸福感进行回归，通过回归系数的大小判断收入差距的影响程度，但是这种方法所得出的回归系数的差异是否具有统计显著性呢？答案未知，所得结果令人质疑。因此，为了使得回归结果具有一定的可信度，需要检验不同群体对收入差距的容忍度是否存在差异，即收入差距对流动人口主观幸福感的影响是否存在异质性。为此，笔者在原有变量、原有模型的基础上引入了基尼系数与分类变量的交叉项，由于这些分类变量主要涉及个人特征，笔者首先重点考察个人收入差距对不同就业身份、不同性别、不同户籍、不同婚姻状况、不同受教育程度流动人口群体的主观幸福感是否存在异质性。回归结果如表 6－3 所示。

表 6－3　　收入差距对主观幸福感影响的异质性

主要解释变量	模型一	模型二	模型三	模型四	模型五
	就业身份	性别	户籍	婚姻状况	受教育程度
交叉项	0.284 *** (4.00)	0.115 (0.99)	－0.187 (－1.11)	－0.0721 (－0.52)	－0.0828 *** (－3.99)
个人收入基尼系数	－2.811 *** (－6.83)	－2.860 *** (－6.83)	－2.752 *** (－6.66)	－2.742 *** (－6.53)	－1.841 *** (－3.88)
个人收入基尼系数的平方	2.870 *** (4.76)	3.553 *** (6.14)	3.538 *** (6.11)	3.565 *** (6.15)	3.307 *** (5.68)
对数收入	0.155 (1.72)	0.148 (1.64)	0.147 (1.64)	0.147 (1.63)	0.150 (1.67)
对数收入的平方	－0.00530 (－0.94)	－0.00479 (－0.85)	－0.00475 (－0.85)	－0.00472 (－0.84)	－0.00496 (－0.88)
家庭总收入的基尼系数	－3.168 *** (－6.26)	－3.072 *** (－6.08)	－3.081 *** (－6.09)	－3.056 *** (－6.04)	－3.060 *** (－6.05)
家庭总收入基尼系数的平方	3.116 *** (4.49)	2.977 *** (4.29)	2.988 *** (4.31)	2.953 *** (4.25)	2.953 *** (4.26)
对数家庭总收入	0.305 *** (3.39)	0.304 *** (3.38)	0.304 *** (3.38)	0.304 *** (3.38)	0.302 *** (3.36)
对数家庭总收入的平方	－0.0127 * (－2.44)	－0.0127 * (－2.43)	－0.0127 * (－2.43)	－0.0127 * (－2.43)	－0.0125 * (－2.39)
性别	－0.0156 (－1.82)	－0.0522 (－1.36)	－0.0155 (－1.82)	－0.0154 (－1.80)	－0.0160 (－1.88)

续表

主要解释变量	模型一	模型二	模型三	模型四	模型五
	就业身份	性别	户籍	婚姻状况	受教育程度
受教育程度	-0.0107 *** (-6.60)	-0.0108 *** (-6.62)	-0.0108 *** (-6.60)	-0.0108 *** (-6.62)	0.0161 * (2.32)
户籍状况	-0.0287 ** (-2.71)	-0.0289 ** (-2.73)	0.0314 (0.57)	-0.0290 ** (-2.73)	-0.0284 ** (-2.68)
婚姻状况	0.0603 *** (4.48)	0.0602 *** (4.47)	0.0601 *** (4.47)	0.0832 (1.81)	0.0601 *** (4.47)
雇主	-0.0717 ** (-2.76)	0.0186 (1.45)	0.0185 (1.44)	0.0188 (1.47)	0.0179 (1.39)
自营劳动者	-0.198 *** (-4.16)	-0.0125 (-1.18)	-0.0126 (-1.19)	-0.0122 (-1.14)	-0.0135 (-1.27)
其余控制变量			(已控制)		
样本容量	109069	109069	109069	109069	109069
LR chi^2	31698.92	31683.92	31684.19	31683.22	31698.87
Pseudo R^2	0.1352	0.1351	0.1351	0.1351	0.1352

注：() 为 T 统计量，*** 、** 和 * 分别表示在 0.01、0.05 和 0.10 的显著性水平下显著。

表 6-3 中只保留了交叉项、绝对收入、收入差距和交叉项中需要考察的控制变量，其他控制变量的回归结果与表 6-1 中的回归结果相差不大，予以省略。模型一至模型五的回归结果显示，个人收入差距、家庭总收入差距与主观幸福感仍为“U”型关系，个人收入与主观幸福感之间不存在“埃斯特林悖论”，家庭总收入与主观幸福感之间存在显著的“埃斯特林悖论”，与前述结论一致。而交叉项的回归系数却存在差异，模型一中就业身份与基尼系数的交叉项回归系数显著为正，说明收入差距对主观幸福感的影响在雇员、雇主和自营劳动者之间存在异质性，随着收入差距的扩大，雇主和自营劳动者的主观幸福感增强，因为一般来说收入差距的扩大是由雇主或自营劳动者收入的增加带来的，他们自身收入的增加自然使其主观幸福感增强。值得注意的是就业身份的回归系数却由表 6-1 中的不显著转变为显著为负，说明雇主和自营劳动者的身份本身降低了他们的主观幸福感，而收入差距的扩大又增强了他们的幸福感，两者抵消从而使得他们与雇员的主观幸福感差异性不显著。

模型五中收入差距与受教育程度的交叉项的回归系数显著为负，说明不同受教育程度的流动人口对收入差距的反应存在异质性，随着收入差距的扩大，受教育程度越高的流动人口其主观幸福感越低，因为他们更易于意识到收入差距所带来的负面效应，对收入差距的厌恶感程度更强，从而影响主观幸福感。而模型五中受教育程度本身的回归系数也需要特别说明，在其他主观幸福感的回归模型中，受教育程度的回归系数都显著为负，唯有在模型五加入了受教育程度与收入差距的交叉项以后，其回归系数转变为正，并在10%的显著性水平下显著，说明受教育程度高的流动人口其主观幸福感本该高于受教育程度低的流动人口，但是由于其对收入差距过于厌恶，从而使得受教育程度越高的流动人口，其主观幸福感反而越低这一异常现象。

模型二、三、四中性别、户籍类型、婚姻状况与收入差距的交叉项的回归系数都不显著，表明收入差距对主观幸福感的影响在不同性别、户籍、婚姻状况中不存在跨层次效应。

另外，通过将家庭总收入差距与就业身份、受教育程度的交叉项引入原有幸福感函数进行有序 Probit 回归，结果发现回归系数的正负与表 6 - 3 中模型一至模型五保持一致，进一步说明了不论是个人收入差距还是家庭总收入差距，在雇员、雇主和自营劳动者之间都存在异质性，对不同受教育程度流动人口的影响也存在异质性。本节接下来重点考察收入差距对主观幸福感的影响在雇员、雇主和自营劳动者之间的异质性，以期针对不同身份的流动人口提出针对性的建议。

二、收入差距对不同身份流动人口主观幸福感的影响

流动人口按就业身份不同分为雇员、雇主和自营劳动者，雇员和雇主是一种被雇佣和雇佣的关系，自营劳动者是一种自我经营、自雇的就业方式，通过检验发现三种不同的就业身份中收入差距影响主观幸福感的效应存在异质性，这种异质性体现在哪些方面呢？各自的影响机理是什么？接下来重点解决这两个问题。

雇员、雇主和自营劳动者的主观幸福感影响因素的选取与前面全部样本的影响因素一致，回归方法运用有序 Probit 模型，回归结果如表 6 - 4 所示，其中模型一为雇员主观幸福感 Ordered Probit 模型，模型二为雇主主观幸福感 Ordered Probit 模型，模型三为自营劳动者主观幸福感 Ordered Probit 模型。

表 6 - 4　　不同就业身份流动人口主观幸福感回归模型

解释变量		模型一 雇员	模型二 雇主	模型三 自营劳动者
个人收入差距	一次项	-4.053*** (-7.44)	3.960** (3.25)	-1.601 (-1.89)
	二次项	5.333*** (6.64)	-5.724*** (-3.44)	2.065 (1.84)

续表

解释变量		模型一 雇员	模型二 雇主	模型三 自营劳动者
对数个人收入	一次项	0. 161 (1. 06)	-0. 0318 (-0. 16)	0. 126 (0. 79)
	二次项	-0. 00422 (-0. 43)	0. 00505 (0. 43)	-0. 00345 (-0. 35)
家庭总收入基尼系数	一次项	-3. 461 *** (-4. 99)	-2. 542 * (-1. 98)	-3. 055 ** (-3. 24)
	二次项	3. 245 *** (3. 35)	2. 218 (1. 31)	3. 474 ** (2. 71)
对数家庭总收入	一次项	0. 296 * (2. 38)	0. 439 (1. 87)	0. 156 (0. 87)
	二次项	-0. 0118 (-1. 61)	-0. 0222 (-1. 69)	-0. 00393 (-0. 38)
家庭成员数		0. 0235 *** (4. 58)	0. 00102 (0. 09)	0. 0251 ** (3. 27)
(区域：以东部为参照组)	中部	0. 107 *** (6. 94)	0. 0842 ** (2. 70)	0. 0247 (1. 10)
	西部	0. 0282 * (2. 17)	0. 00863 (0. 31)	-0. 0589 ** (-3. 02)
性别		-0. 0230 * (-2. 09)	0. 00186 (0. 08)	-0. 0188 (-1. 11)
年龄项	一次项	-0. 0187 *** (-4. 95)	-0. 00781 (-0. 77)	-0. 0157 * (-2. 22)
	二次项	0. 000279 *** (5. 30)	0. 000131 (0. 95)	0. 000199 * (2. 09)
民族		0. 00948 (0. 53)	0. 0195 (0. 43)	-0. 0923 ** (-3. 15)
受教育程度		-0. 0146 *** (-7. 14)	-0. 00137 (-0. 30)	-0. 00323 (-0. 95)
户籍性质		-0. 0420 ** (-3. 19)	-0. 0281 (-0. 98)	0. 0103 (0. 44)

续表

解释变量		模型一 雇员	模型二 雇主	模型三 自营劳动者
婚姻状况		0. 0341 * (2. 14)	0. 105 * (2. 26)	0. 118 *** (3. 43)
流动范围		-0. 103 *** (-9. 86)	0. 000510 (0. 02)	-0. 0582 *** (-3. 68)
行业（以农林牧渔业为参照组）	制造业	-0. 0385 (-0. 54)	-0. 0120 (-0. 07)	-0. 0126 (-0. 13)
	建筑采掘及电力水生产供应业	-0. 0598 (-0. 83)	0. 0166 (0. 10)	0. 0203 (0. 21)
	批发零售业	-0. 00319 (-0. 04)	0. 00411 (0. 03)	0. 0627 (0. 68)
	住宿餐饮业	-0. 0262 (-0. 36)	-0. 0424 (-0. 26)	0. 0329 (0. 35)
	社会服务及其他服务业	-0. 0508 (-0. 71)	-0. 0321 (-0. 20)	0. 0501 (0. 54)
职业（以农林牧渔水利业生产人员为参照组）	生产、运输设备操作及有关人员	0. 0163 (0. 23)	0. 189 (1. 11)	0. 0228 (0. 23)
	商业、服务业人员	0. 0262 (0. 37)	0. 107 (0. 64)	-0. 0294 (-0. 32)
	公务员、办事人员和有关人员	0. 143 (1. 86)	-0. 124 (-0. 38)	0. 290 (1. 09)
	专业技术人员	0. 00314 (0. 04)	0. 101 (0. 57)	0. 0627 (0. 59)
	国家机关、党群组织、企事业负责人	0. 0928 (1. 05)	0. 331 (1. 59)	0. 0545 (0. 16)
单位性质（以机关事业单位为参照组）	国有和集体单位	-0. 102 *** (-3. 60)	0. 126 (0. 69)	0. 0674 (0. 38)
	民营个体	-0. 0620 * (-2. 32)	0. 0495 (0. 30)	0. 269 (1. 58)
	三资企业	-0. 0463 (-1. 46)	0. 438 (1. 51)	0. 486 * (2. 00)

续表

解释变量		模型一 雇员	模型二 雇主	模型三 自营劳动者
每周工作天数		-0.0119* (-2.35)	-0.00650 (-0.52)	-0.00861 (-0.99)
每天工作时间是否超 8 小时		-0.0404 (-1.93)	-0.0653 (-1.43)	-0.0887** (-2.73)
住房性质（以租住房为参照组）	单位提供或借住房	-0.0401*** (-3.58)	-0.0210 (-0.62)	-0.0679** (-2.96)
	自建或自购房	0.188*** (12.53)	0.183*** (6.38)	0.184*** (8.18)
城镇职工医疗保险		-0.0177 (-1.61)	0.0407 (1.18)	0.000786 (0.03)
社会资本（以很少与人来往为参照组）	与同乡之外的其他人来往多	0.142*** (8.61)	0.159*** (4.49)	0.135*** (5.53)
	与同乡来往最多	0.149*** (9.37)	0.137*** (3.97)	0.126*** (5.34)
是否在本地参加以下活动	社区文体活动	0.0864*** (7.37)	0.0655* (2.43)	0.107*** (5.41)
	社会公益活动	0.00645 (0.61)	0.0122 (0.52)	-0.0200 (-1.18)
	计划生育协会活动	0.0731*** (6.55)	0.0251 (1.02)	0.0853*** (4.77)
	社区卫生、健康教育活动	0.0879*** (7.77)	0.0617* (2.43)	0.0241 (1.33)
	选举活动	0.0258 (1.67)	0.128*** (3.75)	0.0576* (2.34)
是否有以下习惯	看电视/电影/录像	-0.0642*** (-4.62)	-0.0420 (-1.39)	-0.0533* (-2.39)
	玩棋牌/麻将/电脑游戏	-0.0211* (-2.12)	-0.0121 (-0.53)	-0.0256 (-1.50)
	上网浏览/通讯	0.0332** (3.08)	0.0330 (1.42)	0.0194 (1.09)

续表

解释变量		模型一 雇员	模型二 雇主	模型三 自营劳动者
是否有以下习惯	读书/看报/学习	0.0285 ** (2.84)	-0.00158 (-0.07)	-0.00764 (-0.48)
	参加文艺/体育活动	0.00423 (0.34)	-0.0427 (-1.41)	-0.0401 (-1.67)
	吸烟	0.0659 *** (5.85)	0.0223 (0.91)	0.0678 *** (3.83)
我喜欢我现在居住的城市（以完全不同意为参照组）	不同意	-0.328 *** (-4.71)	-0.667 *** (-3.65)	-0.701 *** (-5.00)
	基本同意	0.102 (1.62)	-0.0339 (-0.21)	-0.0782 (-0.62)
	完全同意	0.513 *** (8.13)	0.379 * (2.29)	0.312 * (2.45)
我关注我现在居住的城市（以完全不同意为参照组）	不同意	-0.0471 (-0.69)	0.0633 (0.33)	-0.224 (-1.42)
	基本同意	0.172 ** (2.66)	0.272 (1.48)	-0.116 (-0.76)
	完全同意	0.222 *** (3.39)	0.268 (1.45)	-0.0607 (-0.40)
我很愿意融入本地人当中，成为其中一员（以完全不同意为参照组）	不同意	0.0376 (0.65)	0.103 (0.68)	-0.101 (-0.85)
	基本同意	0.241 *** (4.26)	0.277 (1.88)	0.119 (1.02)
	完全同意	0.341 *** (5.95)	0.418 ** (2.83)	0.177 (1.52)
我觉得本地人愿意接受我成为其中一员（以完全不同意为参照组）	不同意	0.00358 (0.07)	-0.172 (-1.24)	-0.286 ** (-2.71)
	基本同意	0.118 * (2.31)	-0.0334 (-0.25)	-0.165 (-1.63)
	完全同意	0.315 *** (6.09)	0.148 (1.11)	0.0537 (0.53)

续表

解释变量		模型一 雇员	模型二 雇主	模型三 自营劳动者
我感觉本地人总是看不起外地人（以完全不同意为参照组）	不同意	-0.253*** (-22.19)	-0.325*** (-13.25)	-0.307*** (-17.47)
	基本同意	-0.430*** (-29.59)	-0.524*** (-15.76)	-0.499*** (-20.90)
	完全同意	-0.401*** (-17.19)	-0.433*** (-8.55)	-0.432*** (-11.46)
如果没有任何限制，您是否愿意把户口迁入本地？（以愿意为参照组）	不愿意	-0.372*** (-28.60)	-0.301*** (-10.95)	-0.349*** (-17.84)
	没想好	-0.353*** (-28.64)	-0.268*** (-9.41)	-0.307*** (-15.18)
您是否打算在本地长期居住（5年以上）（以打算为参照组）	不打算	-0.365*** (-23.92)	-0.375*** (-9.81)	-0.342*** (-12.48)
	没想好	-0.253*** (-21.33)	-0.252*** (-9.04)	-0.236*** (-12.04)
家庭每月总支出		-0.0391*** (-3.75)	-0.0398 (-1.82)	-0.0728*** (-4.39)
样本容量		69583	13374	26112
LR chi^2		20734.44	3646.67	6964.95
Pseudo R^2		0.1382	0.1274	0.1264

注：（）为T统计量，***、**和*分别表示在0.01、0.05和0.10的显著性水平下显著。

（一）个人收入的绝对数和相对数

表6-4中回归结果显示雇员个人收入差距的一次项系数为负，二次项系数为正，并在1%的显著性水平下高度显著，雇员个人收入差距与主观幸福感存在显著的“U”型关系，这与全部流动人口的特征一致。

值得注意的是，雇主个人收入差距的回归系数，一次项系数为负，二次项系数为正，也在1%的显著性水平下高度显著，从而雇主个人收入差距与主观幸福感之间的非线性关系表现为倒“U”型，即随着个人收入差距的扩大，雇主的主观幸福感先上升后下降，与雇员的完全相反。究其原因在于，雇主对收入差距不存在厌恶感，甚至希望收入差距比目前更大，因为雇主的高收入和雇员的低收入正是造成目前收入差距的重要原因之一，因此只要收入差距不超过倒“U”型曲线的拐点0.35，雇主的幸福感持续呈现上升趋势，但是他们也不希望收入差距过大，一旦超过临界点0.35，他们担心会造成一定的混乱，出现雇员罢工或者寻衅滋事等行为，这些会导致他们的幸福感随之下降。

模型三中自营劳动者的个人收入差距的一次项和二次项系数都不显著，说明个人收入差距的大小对自营劳动者主观幸福感的影响不明显，自营劳动者对个人收入差距的大小持无所谓的态度，也许他们更在意整个家庭的总收入。

个人收入对数的一次项和二次项在三个模型中都不显著，说明不管是雇员、雇主还是自营劳动者，绝对收入只是他们感觉幸福的经济基础，个人收入与主观幸福感之间都不存在“埃斯特林悖论”，这与全部样本中个人绝对收入的结论一致。

（二）家庭总收入的绝对数和相对数

家庭总收入的基尼系数在三个模型中一次项系数都为负，二次项系数都为正，但是只有雇员和自营劳动者的家庭总收入差距与主观幸福感之间的“U”型关系具有统计显著性，在雇主群体中却不显著，而是表现为显著的线性负相关。这说明雇员不仅在意个人收入差距的大小，同时也关注家庭总收入差距，一旦发现家庭总收入低于其他雇员家庭，将会产生悲观和自卑心理，幸福感将下降；而自营劳动者一般是自主经营，很多是夫妻店或者家族一起经营，所以他们更关注的是家庭总收入是否与其他流动人口家庭存在差距，个人收入差距的影响不大；而雇主更加关注的是个人能力，只有自己事业上成功了，自身价值实现了，同时为国家和社会奉献了自己的才能，获取了应得的高收入，他们的幸福感才会提升，而至于家庭总收入差距，则对其主观幸福感的影响不太明显。

对数家庭总收入在三个模型中都表现为一次项为正，二次项为负，但是只有雇员家庭总收入的一次项系数在10%的显著性水平下显著，其他都不具有统计显著性，说明家庭总收入的绝对数与个人收入的绝对数一样，都不是影响不同身份流动人口主观幸福感的主要因素，这也从侧面验证了人们更看重的是收入分配是否公平，即“不患寡，而患不均”。

（三）控制变量

家庭成员数对雇员和自营劳动者的主观幸福感影响显著为正，因为对于雇员和自营劳动者来说，家庭成员越多劳动力就越多，从而总收入就越高，主观幸福感就越强；而雇主的观念却与他们有别，雇主更多地看重自身能力的提升所带来的愉悦心理。

区域变量在雇员中具有显著的差异，东部地区的雇员幸福感最低，中部地区的最高，西部地区的次之，原因主要在于东部城市工作的雇员工作压力普遍比中部和西部地区的雇员压力大，虽然获取了稍高的收入，但是却没有带来比中西部雇员更高的幸福感；雇主的幸福感在东、西部差异不显著，中部地区雇主的主观幸福感最高，在5%的显著性水平下显著为正；东部地区自营劳动者的主观幸福感显著高于西部地区，但与中部地区差异不显著，因为东部地区经济较为发达，商品流通速度快，自营劳动者有更多的盈利机会，有利于提高家庭总收入，主观幸福感相应增强。

性别变量只在雇员主观幸福感回归模型中显著为负，说明只有女性雇员比男性雇员的幸福感更强，在雇主和自营劳动者群体中差异都不显著。

年龄对主观幸福感影响的“U”型特征在雇员中显著性最高，自营劳动者中在10%的显著性水平下显著，而在雇主中却不显著，说明雇员和自营劳动者的主观幸福感受生命周期的影响较大，而雇主的心理感受受年龄等外界因素的干扰较小。

民族对主观幸福感的影响在雇员、雇主中都不显著，在自营劳动者中却显著为负，说明少数民族的自营劳动者幸福感比汉族高。

受教育程度对主观幸福感的影响只在雇员中显著为负，在雇主和自营劳动者中不具有显著性，说明受教育程度较高的雇员对不平等的厌恶感更强烈，由此产生的负面心理更明显，而雇主和自营劳动者一般更加注重管理才能和经营理念，对于教育所带来的收益率高低非常看得开，故不对其主观幸福感产生影响。

户籍状况对主观幸福感的影响也只在雇员中显著，农业户籍和非农户籍的雇主和自营劳动者的主观幸福感差异不明显。

婚姻状况的回归系数在三个模型中都显著为正，说明不管是雇员、雇主，还是自营劳动者，已婚的都比未婚的更幸福，婚姻带来的幸福感已被学者们普遍证实为积极作用。

是否跨省流动的回归系数在雇员和自营劳动者中显著为负，在雇主中不显著。因为雇员和自营劳动者认为跨省流动使得他们远离家人，长期不能与亲人团聚，产生焦虑感，损害了幸福感；而雇主一般则更加洒脱，有种“好男儿志在四方”的豪迈，即使离家较远，也不会影响其幸福感。

工作变量中的行业、职业对主观幸福感的影响在雇员、雇主和自营劳动者中都不显著，这与全部流动人口样本的回归结果一致，而雇员的主观幸福感却受单位性质变量的显著影响，回归结果显示在机关事业单位工作的雇员最幸福，而国有和集体单位的雇员以及民营个体企业中的雇员幸福感却相对较低，三资企业工作的雇员主观幸福感与机关事业单位中的雇员差异不明显。

雇员和自营劳动者的主观幸福感分别受每周工作天数和每天工作时间是否超过8小时的显著负向影响，他们更偏爱工作之余的休闲带来的愉悦，而雇主的主观幸福感却不受工作时间长短的左右。

住房性质对主观幸福感的影响较为显著，在雇员和自营劳动者中，拥有自建和自购房的流动人口主观幸福感显著高于租住房的流动人口，需要单位提供住房或借住房的流动人口的幸福感显著低于租住房的流动人口；而雇主中自建和自购房的流动人口主观幸福感显著高于租住房的流动人口。因此，是否安居是决定流动人口幸福感的关键因素。

是否享受城镇职工医疗保险对各类不同就业身份的流动人口主观幸福感的影响不具有统计显著性，原因可能是随着新型农村合作医疗制度的逐步完善，流动人口在户籍地缴纳了农村医疗保险，因此在流入地是否享受城镇职工医疗保险对于他们来说无关紧要，不会对其主观幸福感有显著的影响。

社会资本的增加对流动人口主观幸福感的影响显著为正，对雇员和雇主的影响较自营劳动者更加明显。不论是雇员、雇主还是自营劳动者，通过与同乡和同乡之外的其他人经常来往，能够从外界获取更多的资讯，产生积极的情感，同时通过交流化解工作和生活中的压力和负面情绪，有助于幸福感的提升。

是否在本地参加活动的回归结果显示，参加社区文体活动能显著提升雇员、雇主和自营劳动者的主观幸福感，因为文体活动能够愉悦身心，使人心情舒畅，有利于正面情绪的积累；是否参加社区公益活动对各类身份流动人口主观幸福感的影响都不具有统计显著性；而是否参加计划生育协会活动、社区卫生健康教育活动、选举活动分别对雇主、自营劳动者、雇员的主观幸福感的影响不具有统计显著性，对其他身份的流动人口主观幸福感具有一定的正面影响。

个人生活习惯如看电视、玩棋牌、上网浏览以及吸烟等对不同身份流动人口主观幸福感的影响存在着异质性，对雇员主观幸福感的影响较雇主、自营劳动者显著，因为雇主和自营劳动者一般工作时间之外的闲暇较少，而相对来说雇员的闲暇时间即是与工作完全分离，一个好的或坏的生活习惯对他们主观幸福感的影响尤为重要，因此培养良好的生活习惯能使人受益终身，感受到生活的美好，提升主观幸福感。

对目前所居住城市及本地人的看法和感受在不同身份流动人口中存在着异质性，对于“是否喜欢现在居住的城市”“是否关注现在居住的城市”“是否愿意融入本地人当中并成为其中一员”“是否觉得本地人愿意接受自己成为其中一员”，这些问题的认同程度不同对雇员的主观幸福感有显著影响，越积极的回答对应着越高的主观幸福感；在雇主和自营劳动者中，主观幸福感与这些看法和感受不存在显著的影响关系。但是雇员、雇主和自营劳动者一致认为如果感觉到本地人看不起外地人，就会产生严重的悲观心理，对主观幸福感产生不利影响。因此，提升流动人口的主观幸福感，也需要本地居民的积极配合，营造一个和谐、友好、平等的城市环境和氛围。

积极的居住意愿对提升雇员、雇主和自营劳动者的主观幸福感都有显著的正面影响，如果没有任何限制愿意将户口迁入本地以及打算在本地长期居住的流动人口，其主观幸福感显著高于不愿意或不打算长期居住的流动人口。因此，放松对流动人口户口准入的限制，营造良好的城市氛围，从而流动人口更加愿意将户口迁入或在本地长期居住，流动人口的主观幸福感显著增强，整个社会的和谐程度进一步提高。

第五节　本章小结

本章在对流动人口主观幸福感的基本特征进行描述分析的基础上，考察了流动人口的绝对收入和收入差距对主观幸福感的影响，并检验这种影响在不同就业身份、不同性别、不同户籍、不同婚姻状况、不同受教育程度等不同类别群体中是否存在异质性，得到的主要结论如下：

第一，绝对收入是流动人口主观幸福感的基础，但是“埃斯特林悖论”在流动人口的个人收入与主观幸福感之间不存在，仅在其家庭总收入与主观幸福感之间存在，即随着家庭总收入的增加，流动人口的主观幸福感增强，总收入增长到一定程度时幸福感则呈现下降趋势。

第二，个人收入差距和家庭总收入差距都对流动人口的主观幸福感有显著的负面影响，收入差距的扩大不利于流动人口主观幸福感的提升，并且家庭总收入差距的影响程度更大；进一步考察两者的非线性关系，发现与以往文献估计的中国居民收入差距与主观幸福感之间的倒“U”型关系的结论相反，流动人口收入差距与主观幸福感之间存在显著的“U”型关系，“U”型曲线的拐点在个人收入差距中为0.39，在家庭总收入差距的拐点为0.52，这与流动人口对收入不平等强烈的厌恶感密不可分。

第三，就业身份对流动人口主观幸福感的影响不具有统计显著性，但流动人口收入差距对主观幸福感影响的异质性检验发现，收入差距对主观幸福感的影响在不同就业身份之间存在跨层次效应，就业身份与基尼系数的交叉项回归系数显著为正，收入差距对主观幸福感的影响在雇员、雇主和自营劳动者之间存在异质性，即随着收入差距的扩大，雇主和自营劳动者的主观幸福感反而增强。

第四，收入差距对主观幸福感的作用机制在雇员、雇主和自营劳动者三种不同的就业身份之间存在差异。雇员个人收入差距与主观幸福感存在显著的“U”型关系；而雇主个人收入差距与主观幸福感之间的非线性关系表现为倒“U”型，并在1%的显著性水平下高度显著，即雇主的主观幸福感随着个人收入差距的扩大先上升后下降，与雇员的完全相反；自营劳动者的个人收入差距的一次项和二次项的回归系数都不显著，个人收入差距的大小对自营劳动者的幸福感影响不明显。家庭总收入的基尼系数在三个模型中一次项系数都为负，二次项系数都为正，但是只有雇员和自营劳动者的家庭总收入差距与主观幸福感之间的“U”型关系具有统计显著性，在雇主群体中却不显著，而是表现为显著的线性负相关。另外，无论是个人收入还是家庭总收入的绝对数，都只是雇员、雇主和自营劳动者幸福的经济基础，都不存在收入与幸福感之间的“埃斯特林悖论”，收入不平等才是影响流动人口主观幸福感的决定因素。

第七章

主要结论与启示

第一节 主要结论

本书利用原国家人口计生委2013年组织实施的《中国流动人口动态监测调查》数据，对流动人口不同就业身份下群体内部的收入差距及其对主观幸福感的作用机制进行经验研究，得出的主要结论如下：

第一，流动人口收入分布呈现明显的右偏、多峰形态，不同特征之间收入差异显著。通过全方位描述流动人口的收入分布特征，发现流动人口月收入均值虽然高于城镇居民，但是流动人口群体内部的收入差距凸显；核密度估计结果显示，流动人口收入分布呈现明显的多峰、偏态分布，原因可能在于劳动力市场在就业身份、务工区域、所在行业、从事职业等方面的分割；进一步的非参数检验结果显示，流动人口收入存在显著的就业身份差异、性别差异、区域差异、户籍差异、行业差异、职业差异、单位性质差异。

第二，就业身份对流动人口收入差距的贡献度最高，雇主和雇员内部的收入差距成因不同。运用基于夏普利值的回归分解技术，对我国流动人口群体内部的收入差距进行分解，得出流动人口群体内部的收入差距基尼系数为0.3204，就业身份是影响流动人口收入差距的决定性因素，对收入差距的相对贡献额接近1/3；其次是性别、年龄、民族、婚姻状况、流动范围、工作时间、社会资本等个人特征变量；受教育年限对收入差距的贡献排在第三位；区域变量、职业类型、从事行业等因素对流动人口收入差距的贡献有所下降，但同样不可忽视。

在对流动人口的就业身份选择样本偏差进行纠正的基础上，分别对雇主群体和雇员群体的收入差距成因进行分解分析，发现雇主群体内部的收入差距基尼系数为0.3875，雇员群体内部的收入差距基尼系数为0.2659，雇主内部的收入差距比雇员内部的收入差距大得多。对雇主收入差距的贡献排在第一梯队的是受教育水平、个人特征、性别，其中贡献最大的是受教育水平，说明雇主的文化背景仍然对其收入起着至关重要的作用；年龄、民族、户籍、流动范围等特征变量的贡献第二；单列的性别因素对雇主收入差距的贡献仍较高，雇主内部的性别收入差异不容忽视；而区域变量、行业等工作特征变量则不是影响雇主收入差距的决定因素。对雇员内部收入差距的贡献排在第一梯队的是行业、个人特征和受教育水平，说明行业选择对雇员来说最为重要，同时雇员的年龄、是否具有城镇户口、工作时间、是否跨省流动等个人特征变量，以及受教育水平对雇员收入的影响也较大。

第三，雇主和雇员群体中都存在严重的性别歧视，但在整个收入分布的变化趋势不同。性别工资差异的均值分解结果显示，性别收入差异在雇员内部比雇主内部更严重，雇员之间的性别收入总差异为0.2435，男性雇员的对数收入的均值比女性雇员高很多，而男女雇主之间的对数工资收入均值的总差异仅为0.1809，但是女性雇主所受到的直接歧视程度大于女性雇员。

从特征效应来看，雇主性别收入差异的特征效应为0.0247，占总差异的13.67%，雇员性别收入差异的特征效应为0.0325，占总差异的13.33%，说明不同性别的雇主以及不同性别的雇员由于拥有的个人资本、社会资本、主观幸福感等不同特征产生的差异较少。从系数效应来看，系数效应解释了他们收入差异的85%以上，说明在雇主流动人口群体和雇员流动人口群体中对女性的歧视是造成性别收入差异的重要因素，其中雇主群体由于对男性雇主的偏爱造成的反向歧视占14.76%，由于低估了女性雇主的劳动价值造成的对女性雇主的直接歧视占71.57%，所以女性雇主在劳动力市场上立足并拥有自己管理的公司确属不易；雇员群体的系数效应解释了总差异的86.67%，其中由于对男性雇员的偏爱造成的反向歧视占37.32%，由于对女性雇员劳动价值的低估造成的直接歧视占49.35%，表明女性雇员在劳动力市场上受到的不公平待遇不亚于女性雇主，两者都是流动人口群体中被歧视的群体。

进一步的分位数分解结果显示，雇主内部的性别收入差异随着分位点的提高呈现减小趋势，而雇员内部的性别收入差异随着分位点的提高呈现扩大趋势，并且两者的分解结果表现各异。

雇主的性别收入差异较为明显，尤其在低分位点，对数月收入的总差异达到0.2329，说明低收入的雇主群体之间的收入差异比较大，随着分位点的增加，性别收入差异呈现下降的趋势，但始终保持在0.12以上，男性雇主和女性雇主的收入差距已成为不争的事实。变量效应呈现先下降，后在波动中上升的趋势；系数效应从0.2分位点处开始保持平稳中略有下降的态势，歧视一直是造成雇主性别收入差距的主要原因；残差效应先上升后在波动中下降。

雇员性别收入差异由低分位点到高分位点呈现上升趋势，由0.1百分位点的0.2335增加到0.9百分位点的0.2788，表明高收入组的雇员性别收入差异比低收入组的雇员性别收入差异更大，雇员和雇主两个身份不同的流动人口群体收入决定机理和工资结构的差异造就了两者分解结果的迥然不同。造成雇员性别收入差异的变量效应的解释程度较低，在整个收入分布对总差异的相对贡献率低于25%，甚至在中间的分位点表现为负；系数效应对总差异的贡献在整个收入分布保持在0.2以上，但是由于雇员的性别收入总差异的增长态势，系数效应在总差异中的比值呈现走低趋势；残差效应的大小表现为先在波动中上升，后在波动中下降。

第四，流动人口收入差距与主观幸福感之间表现为“U”型关系，家庭总收入而非个人收入与主观幸福感之间存在“埃斯特林悖论”。个人收入差距和家庭总收入差距都对流动人口的主观幸福感有显著的负面影响，收入差距的扩大不利于流动人口主观幸福感的提升，并且家庭总收入差距的影响程度更大；进一步考察两者的非线性关系，发现与以往文献估计的中国居民收入差距与主观幸福感之间的倒“U”型关系的结论相反，流动人口收入差距与主观幸福感之间存在显著的“U”型关系，“U”型曲线的拐点在个人收入差距中为0.39，在家庭总收入差距的拐点为0.52，这与流动人口对收入不平等强烈的厌恶感密不可分。

绝对收入是流动人口主观幸福感的基础，但是“埃斯特林悖论”在流动人口的个人收入与主观幸福感之间不存在，仅在其家庭总收入与主观幸福感之间存在，即随着家庭总收入的增加，流动人口的主观幸福感增强，总收入增长到一定程度时幸福感则呈现下降趋势。

第五，不同就业身份的流动人口收入差距对主观幸福感的作用机制不同。流动人口收入差距对主观幸福感影响的异质性检验发现，虽然就业身份对流动人口主观幸福感的影响不具有统计显著性，但是收入差距对主观幸福感的影响在不同就业身份之间存在跨层次效应，收入差距对主观幸福感的作用机制在雇员、雇主和自营劳动者三种不同的就业身份之间存在差异。雇员个人收入差距与主观幸福感存在显著的“U”型关系；而雇主个人收入差距与主观幸福感之间的非线性关系表现为倒“U”型，并在1%的显著性水平下高度显著，即雇主的主观幸福感随着个人收入差距的扩大先上升后下降，与雇员的完全相反；自营劳动者的个人收入差距的一次项和二次项的回归系数都不显著，个人收入差距的大小对自营劳动者的幸福感影响不明显。家庭总收入的基尼系数在三个模型中一次项系数都为负，二次项系数都为正，但是只有雇员和自营劳动者的家庭总收入差距与主观幸福感之间的“U”型关系具有统计显著性，在雇主群体中却不显著，而是表现为显著的线性负相关。另外，无论是个人收入还是家庭总收入的绝对数，都只是雇员、雇主和自营劳动者幸福的经济基础，都不存在收入与幸福感之间的“埃斯特林悖论”，收入不平等才是影响流动人口主观幸福感的决定因素。

第二节　政策启示

流动人口群体内部悄然产生的收入差距已成为不争的事实，如果任其发展，不加以引导和调控，将会使得流动人口问题“雪上加霜”，同时城乡收入差距的加剧、农村居民收入差距的恶化，最重要的是使得流动人口的主观幸福感受挫，这将不利于社会的和谐稳定和“十八大”重点关注的民生问题的解决。因此流动人口主观幸福感和收入差距问题须两手同时抓起，结合本书的主要研究结论，得出以下几点启示和建议。

一、鼓励流动人口实现就业身份的跨越

流动人口在流入地的就业身份或者说谋生方式主要包括雇员、雇主和自营劳动者，本书的分析结果显示不同就业身份之间的收入差异显著，并且就业身份的差异对流动人口总收入差距的贡献程度最高，所以缩小流动人口收入差距的关键举措是降低不同就业身份流动人口的收入差距。由于不同就业身份的劳动者工资收入机制不同，如雇主的收入主要来源于管理、监督所得的报酬及占有部分经营利润，自营劳动者的收入虽然也是自己的劳动所得，但却要取决于他们拥有生产物质条件的数量和质量及市场状况，雇员的收入则是依据自己劳动生产率的高低、雇主扣除经营利润后分配给员工的劳动报酬，所以即使不考虑外在因素的影响，收入决定机制的不同已然造成不同就业身份流动人口的收入差距，流动人口也是追求自身利益最大化的理性人，这种身份差异带来的收入差距会激励流动人口努力实现身份的跨越，这就要求政府积极为流动人口提供自主创业、自谋职业的条件，平等地享受城市自主创业的政策，降低准入门槛，扩大融资渠道，从多个维度给予大力支持，这对于解决流动人口就业问题、提高其收入水平，缩小群体内部收入差距乃至与城镇居民的收入差距都具有重要的现实意义。

二、针对不同的就业身份采取相匹配的收入分配措施

雇主和雇员两种不同就业身份之间的收入差距最明显，并且研究结果也显示，雇主和雇员的收入决定机制存在差异，两者的收入差距成因也不同，并且雇主内部的收入差距比雇员内部的收入差距更大，所以针对不同身份特征的流动人口，缩小各自组群内部的收入差距也是缓解流动人口收入差距的举措之一，例如通过提高雇员和自营劳动者的收入水平来缓解流动人口群体内部的总收入差距，

其中对于雇员可以通过加强职业技能培训，培养职业素养，建立更加广阔的社会资本等方式提高其收入水平；对于自营劳动者可以通过培养其企业家才能，减少其融资障碍，为他们创造良好的创业条件，从而获取更高的收入。

三、提高流动人口的整体受教育水平

本书回归分解结果显示，受教育水平对流动人口收入差距的贡献率仍较高，流动人口中大部分为初中文化，接受教育程度偏低，教育收益率也显著低于全国平均水平，这种情况下深化教育制度改革，使流动人口及其下一代子女享受到平等的受教育机会，推行教育均等化将是利国利民的百年大计；另外，政府可以通过对流动人口实行成人教育制度、职业技能培训等，提高低收入者的人力资本水平，努力缩小人力资本水平的差异，尤其是加大对农村地区的前教育培训投资，使他们在流出农村之前积累更高的人力资本，从而增加教育收益率，提高自身收入水平，缩小收入差距。

四、逐步消除流动人口的性别歧视

国务院颁布的《中国妇女发展纲要（2011－2020年）》明确指出，实行男女平等是国家的基本国策，男女平等的实现程度是衡量社会文明进步的重要标志，保障妇女权益、促进妇女发展、推动男女平等，对国家经济社会发展和中华民族文明进步具有重要意义。从而提出了保障妇女平等享有劳动权利，消除就业性别歧视等一系列维护妇女合法权益、平等享有改革发展成果的策略措施。而流动人口中的性别歧视现象更为严重，不管是雇主还是雇员，性别工资差异都解释了总工资差异的绝大部分，性别收入差距彰显，所以引导企业消除对流动人口的性别歧视，实现男女同工同酬，对于缓解流动人口收入差距同样具有积极的作用。

五、完善劳动力市场运行机制

中国的劳动力市场分割制度是长期存在并根深蒂固的，因此完全打破劳动力市场分割在短期内难以实现，所以只能想方设法完善劳动力市场运行机制，减缓区域收入差异、行业收入差异及职业收入差异等，从而解决流动人口由于流入不同区域，从事不同行业所带来的收入差距。政府具体可从以下三个方面对劳动力市场予以调节：第一，积极培育劳动力市场运行主体，劳动力市场运行机制得以良性发展的基础是完善的劳动力市场主体，只有企业和劳动力之间的主体地位明确，发挥他们自主配置资源的优势，集中各种有益资源，充分发挥他们的积极性、主动性和创造性，才能达到最有效的资源配置效率；第二，完善劳动力市场运行规则，这就要求国家建立健全劳动力市场运行规范，使得劳动力市场运行主体有法可依、有规可循，在资源配置过程中充分发挥市场自由竞争，保护妇女、流动人口等弱势群体的合法地位，充分发挥劳动力市场自由竞争机制；第三，加强劳动力市场管理，建立劳动力市场信息共享机制，减少劳动力在市场交易中的成本支出，尤其是降低流动人口在收集劳动就业信息方面的成本，实现稀有资源在不同区域、不同行业、不同身份地位劳动者之间的合理配置。

六、缩小收入差距是提高流动人口主观幸福感的重要举措

流动人口的主观幸福感受到多方面因素的综合影响，虽然无法改变一些个人特征变量，但是可以改变影响主观幸福感的一些外在因素，例如流动人口的绝对收入、相对收入差距、社会环境等，希冀提高流动人口主观幸福感。绝对收入是保障流动人口主观幸福感的经济基础，所以继续增加流动人口的个人工资收入和家庭总收入是提升主观幸福感的基础；收入差距虽然反映了一定的社会流动性，能够增加人们对未来收入的预期，在一定程度上对主观幸福感有一定的促进作用，发挥“正向隧道效应”，但是在流动人口群体中，“负向隧道效应”占主导，不论是个人收入差距还是家庭总收入差距，都显著地降低了流动人口主观幸福感，并且目前还没有到达“U”型曲线的拐点，所以缩小流动人口的收入差距，改革收入分配制度，确保流动人口未来收入预期的稳定，才能实现流动人口更高的主观幸福感及中国未来发展的终极目标，进而实现中华民族的长期稳定和可持续发展。

第三节 研究不足和展望

本书基于原国家人口计生委 2013 年组织实施的《中国流动人口动态监测调查》数据，对流动人口不同的就业身份下群体内部的收入差距成因及其对主观幸福感的作用机制进行了经验研究，得出了一些重要结论和启示，但由于数据来源等方面的限制，未来的研究还有待进一步完善。

一、研究不足

(1) 由于调查数据指标的限制，雇主收入决定模型中仅包含个人特征、所在行业、社会资本等变量，未能将企业家才能、管理天赋等对雇主收入有显著影响

的变量纳入模型，致使模型的整体拟合优度偏低。

（2）鉴于《中国流动人口动态监测调查》始于2010年，时间跨度较短，不易反映动态变迁，并且各年的调查指标有所变化，所以本书只利用2013年调查数据研究了流动人口收入差距及其对主观幸福感的影响，若能利用时间序列考察其动态变迁，则可使研究结论更加深化。

二、研究展望

流动人口主观幸福感的研究是幸福经济学研究的一项新课题，本书的研究借助微观调查数据，重点关注不同就业身份下流动人口收入差距对主观幸福感的影响，只是对该问题研究的初步尝试，而主观幸福感的影响除了受经济变量的影响之外，身份的认同、环境的恶化、社会流动性等因素也可能对流动人口的主观幸福感带来一定的影响，所以在未来的研究中，研究身份认同、环境恶化、社会流动性等因素与流动人口主观幸福感的关系，将有利于进一步认识流动人口主观幸福感；同时，本书研究发现流动人口收入差距与主观幸福感之间存在“U”型关系，在后续研究中，希望进一步探索收入差距影响主观幸福感的路径，从源头上提升流动人口主观幸福感。

参考文献

［1］白雪梅、王少瑾：《对我国收入不平等与社会安定关系的审视》，载于《财经问题研究》2007 年第 7 期。

［2］陈昌兵：《各地区居民收入基尼系数计算及其非参数计量模型分析》，载于《数量经济技术经济研究》2007 年第 1 期。

［3］陈春良、易君健：《收入差距与刑事犯罪：基于中国省级面板数据的经验研究》，载于《世界经济》2009 年第 1 期。

［4］陈希镇、胡兆红：《Copula 函数的非参数核密度估计方法》，载于《统计与决策》2010 年第 14 期。

［5］陈珍珍、游家兴：《基于分位回归法的农民工收入影响因素分析》，载于《统计研究》2009 年第 6 期。

［6］邓曲恒：《城镇居民与流动人口的收入差异——基于 Oaxaca – Blinder 和 Quantile 方法的分解》，载于《中国人口科学》2007 年第 2 期。

［7］葛玉好：《部门选择对工资性别差距的影响：1988—2001 年》，载于《经济学（季刊）》2007 年第 2 期。

［8］龚斌磊、郭红东、唐颖：《影响农民工务工收入的因素分析——基于浙江省杭州市部分农民工的调查》，载于《中国农村经济》2010 年第 9 期。

［9］郭凤鸣、张世伟：《教育和户籍歧视对城镇工和农民工工资差异的影响》，载于《农业经济问题》2011 年第 6 期。

［10］郭继强、郭继强、陆利丽：《工资差异均值分解的一种新改进》，载于《经济学（季刊）》2009 年第 4 期。

［11］郝身永、韩君：《经济增长、收入差距与国民幸福——幸福经济学研究的经验启示》，载于《社会科学》2013 年第 3 期。

［12］何立新、潘春阳：《破解中国的“Easterlin 悖论”：收入差距、机会不均与居民幸福感》，载于《管理世界》2011 年第 8 期。

［13］洪兴建：《基尼系数的不足及改进标准差系数》，载于《统计教育》2002 年第 5 期。

［14］胡洪曙、鲁元平：《收入不平等、健康与老年人主观幸福感——来自中国老龄化背景下的经验证据》，载于《中国软科学》2012 年第 11 期。

[15] 胡洪曙、鲁元平：《公共支出与农民主观幸福感——基于 Cgss 数据的实证分析》，载于《财贸经济》2012 年第 10 期。

[16] 胡联合、胡鞍钢、徐绍刚：《贫富差距对违法犯罪活动影响的实证分析》，载于《管理世界》2005 年第 6 期。

[17] 黄志岭：《农村迁移劳动力性别工资差异研究》，载于《农业经济问题》2010 年第 8 期。

[18] 姜励卿：《中国城镇劳动力市场户籍工资差异的实证研究》，浙江大学 2012 年版。

[19] 李春玲、李实：《市场竞争还是性别歧视——收入性别差异扩大趋势及其原因解释》，载于《社会学研究》2008 年第 2 期。

[20] 李娜、李利、郭艳平：《我国行业工资差距：基于泰尔指数的分解分析》，载于《统计与决策》2013 年第 7 期。

[21] 李实、杨修娜：《农民工工资的性别差异及其影响因素》，载于《经济社会体制比较》2010 年第 5 期。

[22] 李涛、史宇鹏、陈斌开：《住房与幸福：幸福经济学视角下的中国城镇居民住房问题》，载于《经济研究》2011 年第 9 期。

[23] 梁礼明、冯新刚、陈云嫩等：《基于样本分布特征的核函数选择方法研究》，载于《计算机仿真》2013 年第 1 期。

[24] 刘学良、田青：《关于基尼系数按群组分解的进一步研究》，载于《数量经济技术经济研究》2009 年第 10 期。

[25] 娄伶俐：《主观幸福感的经济学研究动态》，载于《经济学动态》2009 年第 2 期。

[26] 鲁元平、王韬：《主观幸福感影响因素研究评述》，载于《经济学动态》2010 年第 5 期。

[27] 鲁元平、王韬：《收入不平等、社会犯罪与国民幸福感——来自中国的经验证据》，载于《经济学（季刊)》2011 年第 4 期。

[28] 鲁元平、杨灿明：《财政分权、地方政府支出偏好与居民幸福感——基于分税制后的中国经验证据》，载于《中南财经政法大学学报》2013 年第 4 期。

[29] 鲁元平、张克中：《经济增长、亲贫式支出与国民幸福——基于中国幸福数据的实证研究》，载于《经济学家》2010 年第 11 期。

[30] 栾敬东：《流动人口的社会特征及其收入影响因素分析》，载于《中国人口科学》2003 年第 2 期。

[31] 罗楚亮：《绝对收入、相对收入与主观幸福感——来自中国城乡住户调查数据的经验分析》，载于《财经研究》2009 年第 11 期。

[32] 马金平、周勇：《企业培训经历对农民工收入影响研究》，载于《调研

世界》2013 年第 4 期。

[33] 彭代彦、吴宝新：《农村内部的收入差距与农民的生活满意度》，载于《世界经济》2008 年第 4 期。

[34] 彭新俊、胡光华：《密度函数估计的修正 Svm 法》，载于《云南大学学报（自然科学版）》2004 年第 4 期。

[35] 任海燕、傅红春：《有序概率模型的我国居民收入差距和幸福感研究》，载于《求索》2012 年第 3 期。

[36] 亚当·斯密著，谢宗林译：《道德情操论》，中央编译出版社 2008 年版。

[37] 孙志军、杜育红：《学制改革对农村居民教育水平与收入的影响——来自广西融安县的调查》，载于《中国人口科学》2009 年第 4 期。

[38] 覃一冬、张先锋、满强：《城市规模与居民主观幸福感——来自 Cgss 的经验证据》，载于《财贸研究》2014 年第 4 期。

[39] 陶银球：《我国返乡农民工技能资本与收入关系的实证研究》，载于《统计研究》2010 年第 2 期。

[40] 万广华：《经济发展与收入不均等：方法和证据》，上海三联书店、上海人民出版社 2006 年版。

[41] 王德文、蔡昉、张国庆：《农村迁移劳动力就业与工资决定：教育与培训的重要性》，载于《经济学（季刊）》2008 年第 4 期。

[42] 王洪亮、徐翔：《收入不平等孰甚：地区间抑或城乡间》，载于《管理世界》2006 年第 11 期。

[43] 王美艳：《转轨时期的工资差异：歧视的计量分析》，载于《数量经济技术经济研究》2003 年第 5 期。

[44] 王美艳：《城市劳动力市场上的就业机会与工资差异——外来劳动力就业与报酬研究》，载于《中国社会科学》2005 年第 5 期。

[45] 王鹏：《收入差距对中国居民主观幸福感的影响分析——基于中国综合社会调查数据的实证研究》，载于《中国人口科学》2011 年第 3 期。

[46] 王晓杰、王蒲生：《深圳市居民收入的区域差异分析——基于泰尔指数及其分解的测度》，载于《特区经济》2012 年第 6 期。

[47] 王晓丽：《中国人口城镇化质量研究》，南开大学 2013 年版。

[48] 王欣、孔荣：《影响农民工收入质量的因素研究——基于 10 省份调查数据的实证分析》，载于《统计与信息论坛》2013 年第 4 期。

[49] 王雁飞、朱瑜：《心理资本理论与相关研究进展》，载于《外国经济与管理》2007 年第 5 期。

[50] 王瑜、汪三贵：《基于夏普里值过程的农村居民收入差距分解》，载于《中国人口．资源与环境》2011 年第 8 期。

[51] 王震:《基于分位数回归分解的农民工性别工资差异研究》,载于《世界经济文汇》2010年第4期。

[52] 威尔金森、皮克特著,安鹏译:《不平等的痛苦:收入差距如何导致社会问题》,新华出版社2010年版。

[53] 魏万青:《户籍制度改革对流动人口收入的影响研究》,载于《社会学研究》2012年第1期。

[54] 吴涛、贺汉根、贺明科:《基于插值的核函数构造》,载于《计算机学报》2003年第8期。

[55] 吴喜、美L. 沃赛曼著,吴喜之译:现代非参数统计,科学出版社2008年版。

[56] 吴要武:《寻找阿基米德的“杠杆”——“出生季度”是个弱工具变量吗?》,载于《中国经济学》2010年第9期。

[57] 夏伦:《流动人口收入与主观幸福感的关系研究——基于北京市流动人口的调查数据》2014年版。

[58] 向书坚、李芳芝、李超:《区域分割下农民工收入差距的回归分解》,载于《统计研究》2014年第2期。

[59] 邢春冰:《农民工与城镇职工的收入差距》,载于《管理世界》2008年第5期。

[60] 邢春冰、罗楚亮:《农民工与城镇职工的收入差距——基于半参数方法的分析》,载于《数量经济技术经济研究》2009年第10期。

[61] 许建华、张学工、李衍达:《一种基于核函数的非线性感知器算法》,载于《计算机学报》2002年第7期。

[62] 薛薇:《Spss统计分析方法与应用》,电子工业出版社2013年版。

[63] 杨鹏、张广胜:《农民工性别工资差异的实证分析——基于改进的Brown分解法》,载于《广东商学院学报》2012年第4期。

[64] 姚先国、黄志岭、苏振华:《家庭背景与教育回报率——基于2002年城镇住户调查数据》,载于《中国劳动经济学》2006年第4期。

[65] 姚先国、赖普清:《中国劳资关系的城乡户籍差异》,载于《经济研究》2004年第7期。

[66] 叶静怡、周晔馨:《社会资本转换与农民工收入——来自北京农民工调查的证据》,载于《管理世界》2010年第10期。

[67] 袁正、郑欢、韩骁:《收入水平、分配公平与幸福感》,载于《当代财经》2013年第11期。

[68] 张辉:《相对收入差距与中国居民主观幸福感研究——基于中国社会综合调查(Cgss)的数据分析》,载于《公共管理评论》2013年第2期。

[69] 张琼:《农民工工资性别差异的实证研究——基于珠江三角洲和长江三角洲的问卷调查》,载于《广东社会科学》2013 年第 3 期。

[70] 张世伟、王广慧:《培训对农民工收入的影响》,载于《人口与经济》2010 年第 1 期。

[71] 张学志、才国伟:《社会资本对农民工收入的影响研究——基于珠三角调查数据的证据》,载于《中山大学学报(社会科学版)》2012 年第 5 期。

[72] 章元、高汉:《城市二元劳动力市场对农民工的户籍与地域歧视——以上海市为例》,载于《中国人口科学》2011 年第 5 期。

[73] 章元、李锐、王后等:《社会网络与工资水平——基于农民工样本的实证分析》,载于《世界经济文汇》2008 年第 6 期。

[74] 章元、陆铭:《社会网络是否有助于提高农民工的工资水平?》,载于《管理世界》2009 年第 3 期。

[75] 章元、王昊:《城市劳动力市场上的户籍歧视与地域歧视:基于人口普查数据的研究》,载于《管理世界》2011 年第 7 期。

[76] 赵剑治、陆铭:《关系对农村收入差距的贡献及其地区差异——一项基于回归的分解分析》,载于《经济学(季刊)》2010 年第 1 期。

[77] 赵新宇、范欣、姜扬:《收入、预期与公众主观幸福感——基于中国问卷调查数据的实证研究》,载于《经济学家》2013 年第 9 期。

[78] 赵玉霞:《分组数据下几种不同基尼系数的算法》,载于《统计与决策》2011 年第 3 期。

[79] 钟甫宁、徐志刚、栾敬东:《经济发达农村地区外来劳动力的性别差异研究》,载于《人口与经济》2001 年第 2 期。

[80] 周小刚、李丽清:《区域分割、职业背景、户籍特征与城市农民工收入水平差异分析——来自全国 106 个城市的证据》,载于《软科学》2012 年第 2 期。

[81] 亚当·斯密,郭大力,王亚南译:《国民财富的性质和原因的研究》,商务印书馆 2003 年版。

[82] Aghion P, Caroli E, Garcia – Penalosa C, Inequality and Economic Growth: The Perspective of the New Growth Theories. Journal of Economic Literature, 1999, 37 (4): 1615 – 1660.

[83] Ahmad I A, On Multivariate Kernel Estimation for Samples From Weighted Distributions. Statistics and Probability, 1995, (22): 121 – 129.

[84] Albarran P, Carrasco R, Martinez – Granado M, Inequality for Wage Earners and Self – Employed: Evidence from Panel Data. Oxford Bulletin of Economics and Statistics, 2009, 71 (4): 491 – 518.

[85] Albrecht J, Bjorklund A, Vroman S, Is there a Glass Ceiling in Sweden?

Journal of Labor Economics, 2003, 21 (1): 145 - 177.

[86] Alesina A, Di Tella R, MacCulloch R, Inequality and Happiness: Are Europeans and Americans Different? Journal of Public Economics, 2004, 88 (8): 2009 - 2042.

[87] Angrist J D, Krueger A B, Does Compulsory School Attendance Affect Schooling and Earnings? Quarterly Journal of Economics., 1991, 106 (4): 979 - 1014.

[88] Appleton S, Hoddinott J, Krishnan P, The Gender Wage Gap in Three African Countries. Economic Development and Cultural Change, 1999, 47 (2): 289 - 312.

[89] Autor D H, Katz L F, Kearney M S, Rising Wage Inequality: The Role of Composition and Prices, 2005.

[90] Bárcena - Martín E, Imedio - Olmedo L, Martín - Reyes G, Inequality and Deprivation within and Between Groups: An Illustration of European Union Countries. The Journal of Economic Inequality, 2007, 5 (3): 323 - 337.

[91] Becker G S, The Economics of Discrimination. Chicago: The University of Chicago Press, 1957.

[92] Bernard J C, Pesek J D, Fan C, Performance Results and Characteristics of Adopters of Genetically Engineered Soybeans in Delaware. Agricultural and Resource Economics Review, 2004, 33 (2).

[93] Bjørnskov C, Dreher A, Fischer J A V, Cross - Country Determinants of Life Satisfaction: Exploring Different Determinants Across Groups in Society. Social Choice and Welfare, 2008, 30 (1): 119 - 173.

[94] Blanchflower D G, Oswald A J, International Happiness: A New View On the Measure of Performance, 2007: 1 - 17.

[95] Blanchflower D G, Oswald A J, Well - Being Over Time in Britain and the USA. Journal of Public Economics, 2004, 88 (7): 1359 - 1386.

[96] Blinder A S, Wage Discrimination: Reduced Form and Structural Estimates. The Journal of Human Resources, 1973, 8 (4): 436 - 455.

[97] Blinder A S, The Challenge of High Unemployment. American Economic Review, 1988, 78 (2): 1 - 15.

[98] Bolton G E, Ockenfels A, ERC: A Theory of Equity, Reciprocity, and Competition. American Economic Review, 2000, 90 (1): 166 - 193.

[99] Bound J, Jaeger D A, Baker R M, Problems with Instrumental Variables Estimation When the Correlation Between the Instruments and the Endogenous Explanatory Variable is Weak. Journal of the American Statistical Association, 1995, 90 (430): 443 - 450.

[100] Bourguignon F, Decomposable Income Inequality Measures. Econometrica, 1979, 47 (4): 901 -920.

[101] Bowman A. , An Alternative Method of Cross—Validation for the Smoothing of Density Estimates. Biometrik, 1984 (71).

[102] Chakravarty S, Mukherjee D, Measures of Deprivation and their Meaning in Terms of Social Satisfaction. Springer, 1999, 47 (1): 89 -100.

[103] Chen G, Hamori S, Economic Returns to Schooling in Urban China: OLS and the Instrumental Variables Approach. China Economic Review, 2009, 20 (2): 143 -152.

[104] Chintrakarn P, Herzer D, More Inequality, More Crime? A Panel Cointegration Analysis for the United States. Economics Letters, 2012, 116 (3): 389 -391.

[105] Choe J, Income Inequality and Crime in the United States. Economics Letters, 2008, 101 (1): 31 -33.

[106] Chow G C, A Two - Step Procedure for Estimating Linear Simultaneous Equations with Unit Roots. The Review of Economics and Statistics, 1993, 75 (1): 107 -118.

[107] Clark A E, Oswald A J, Unhappiness and Unemployment. The Economic Journal, 1994, 104 (424): 648 -659.

[108] Clark A, Oswald A J, Satisfaction and Comparison Income. Journal of Public Economics, 1996, 61 (3): 359 -381.

[109] Cotton J, On the Decomposition of Wage Differentials. The Review of Economics and Statistics, 1988, 70 (2): 236 -243.

[110] Cuñado J, de Gracia F P, Environment and Happiness: New Evidence for Spain. Social Indicators Research, 2013, 112 (3): 549 -567.

[111] Davies S, Hinks T, Crime and Happiness Amongst Heads of Households in Malawi. Journal of Happiness Studies, 2010, 11 (4): 457 -476.

[112] Demombynes G, Özler B, Crime and Local Inequality in South Africa. Journal of Development Economics, 2005, 76 (2): 265 -292.

[113] Di Tella R, MacCulloch R J, Oswald A J, Preferences Over Inflation and Unemployment: Evidence From Surveys of Happiness. The American Economic Review, 2001, 91 (1): 335 -341.

[114] Di Tella R, MacCulloch R J, Oswald A J, The Macroeconomics of Happiness. The Review of Economics and Statistics, 2003, 85 (4): 809 -827.

[115] Di Tella R, MacCulloch R, The Consequences of Labor Market Flexibility: Panel Evidence Based On Survey Data. European Economic Review, 2005, 49

(5): 1225 - 1259.

[116] Di Tella R, Schargrodsky E, Happiness, Ideology and Crime in Argentine Cities, 2009.

[117] DiNardo J E, Fortin N M, Lemieux T, Labor Market Institutions and the Distribution of Wages, 1973 - 1992: A Semiparametric Approach. Econometrica, 1996, 64 (5): 1001 - 1044.

[118] Dorn D, Fischer J A V, Kirchgässner G, et al. , Is It Culture Or Democracy? The Impact of Democracy and Culture On Happiness. Social Indicators Research, 2007, 82 (3): 505 - 526.

[119] Duan C, Luo H, Remuneration Difference Between Migrant Workers and Non-migrant Workers. Asian Agricultural Researc, 2013, 5 (4).

[120] Duncan G M, Leigh D E, Wage Determination in the Union and Nonunion Sectors: A Sample Selectivity Approach. Industrial and Labor Relations Review, 1980, 1 (34) .

[121] Easterlin R A, Does Economic Growth Improve the Human Lot?: Some Empirical Evidence, Nations and households in economic growth, 1974: 89 - 125.

[122] Easterlin R A, Will Raising the Incomes of All Increase the Happiness of All? Journal of Economic Behavior & Organization, 1995, 27 (1): 35 - 47.

[123] Ebert U, Welsch H, How Do Europeans Evaluate Income Distributions? An Assessment Based On Happiness Surveys. Review of Income and Wealth, 2009, 55 (3): 803 - 819.

[124] Eggers A, Gaddy C, Graham C, Well - Being and Unemployment in Russia in the 1990S: Can Society's Suffering be Individuals' Solace? Journal of Behavioral and Experimental Economics, 2006, 35 (2): 209 - 242.

[125] Eibner C, Evans W N, Relative Deprivation, Poor Health Habits, and Mortality. The Journal of Human Resources, 2005, 40 (3): 591 - 620.

[126] Falter J, Self - Employment and Earning Inequality. Journal of Income Distribution, 2007, 16 (2): 106 - 127.

[127] Fan C C, Rural - Urban Migration and Gender Division of Labor in Transitional China. International Journal of Urban and Regional Research, 2003, 27 (1): 24 - 47.

[128] Fehr E, Schmidt K M, A Theory of Fairness, Competition and Cooperation. The Quarterly Journal of Economics, 1999, 114 (3): 817 - 868.

[129] Feinstein L, The Relative Economic Importance of Academic, Psychological and Behavioural Attributes Developed in Childhood, 2000: 2 - 27.

[130] Feng Z, Wang W W, Jones K L Y, An Exploratory Multilevel Analysis of Income, Income Inequality and Self – Rated Health of the Elderly in China. Social Science & Medicine, 2012, 74 (1): 84 –91.

[131] Ferrer-i – Carbonell A, Income and Well – Being: An Empirical Analysis of the Comparison Income Effect. Journal of Public Economics, 2005, 85 (5 – 6): 997 – 1019.

[132] Ferrer-i – Carbonell A, Frijters P, How Important is Methodology for the Estimates of the Determinants of Happiness? The Economic Journal, 2004, 114 (497): 641 –659.

[133] Ferrer-i – Carbonell A, Gowdy J M, Environmental Degradation and Happiness. Ecological Economics, 2007, 60 (3): 509 –516.

[134] Fields G S, Income Inequality in Urban Colombia: A Decomposition Analysis. Review of Income & Wealth, 1979, 25 (3): 327 –341.

[135] Fields G S, Yoo G, Falling Labour Income Inequality in Korea'S Economic Growth: Patterns and Underlying Causes. Review of Income and Wealth, 2000, 46 (2): 139 –159.

[136] Fortin N M, Lemieux T, Rank Regressions, Wage Distributions, and the Gender Gap. The Journal of Human Resources, 1998, 33 (3): 610 –643.

[137] Frey B S, Stutzer A, What Can Economists Learn From Happiness Research? Journal of Economic Literature, 2002, 40 (2): 402 –435.

[138] Graham C, Felton A, Inequality and Happiness: Insights From Latin America. The Journal of Economic Inequality, 2006, 4 (1): 107 –122.

[139] Gustavsson M, Jordahl H, Inequality and Trust in Sweden: Some Inequalities are More Harmful than Others. Journal of Public Economics, 2008, 92 (1 – 2): 348 –365.

[140] Harris J R, Todaro M P, Migration, Unemployment & Development: A Two – Sector Analysis. American Economic Review, 1970, 60 (1): 126 –142.

[141] Heckman J J, Sample Selection Bias as a Specification Error. Econometrica, 1979, 1 (47): 153 –161.

[142] Hirshman A, M R, The Changing Tolerance for Income Inequality in the Course of Economic Development. The Quarterly Journal of Economics, 1973, 87 (X): 544 –566.

[143] Huang Q, The Impact of Job Mobility on Earnings Growth of Migrant Workers in Urban China. Frontiers of Economics in China, 2011, 6 (2): 171 –187.

[144] Juhn C, Murphy K M, Pierce B, Wage Inequality and the Rise in Re-

turns to Skill. Journal of Political Economy, 1993, 101 (3): 410 -442.

[145] Kahneman D, Krueger A B, Developments in the Measurement of Subjective Well - Being. Journal of Economic Perspectives, 2006, 20 (1): 3 -24.

[146] Kimball M S, Sahm C R, Shapiro M D, Imputing Risk Tolerance From Survey Responses. Journal of the American Statistical Association, 2008, 103 (483): 1028 -1038.

[147] Knight J, Song L, Gunatilaka R, Subjective Well - Being and its Determinants in Rural China. China Economic Review, 2009, 20 (4): 635 -649.

[148] Knight J, Song L, Huaibin J, Chinese Rural Migrants in Urban Enterprises: Three Perspectives. The Journal of Development Studies, 1999, 35 (3): 73 -104.

[149] Koenker R, Gilbert Bassett J, Quantile Regression Methods for Recursive Structural Equation Models. Econornetrica, 1978, 46 (1): 33 -50.

[150] Lee L, Identification and Estimation in Binary Choice Models with Limited (Censored) Dependent Variables. Econometrica, 1979, 47 (4): 977 -996.

[151] Leigh A, Trust, Inequality and Ethnic Heterogeneity. The Quarterly Journal of Economics, 2006, 115 (3): 847 -904.

[152] Lemieux T, Decomposing Changes in Wage Distributions: A Unified Approach. Canadian Journal of Economics, 2002, 35 (4): 646 -688.

[153] Lerman R I, Yitzhaki S, Income Inequality Effects by Income Source: A New Approach and Applications to the United States. The Review of Economics and Statistics, 1985, 67 (1): 151 -156.

[154] Li H, Zhu Y, Income, Income Inequality, and Health: Evidence From China. Journal of Comparative Economics, 2006, 34 (4): 668 -693.

[155] Luthans F, Avolio B J, Walumbwa F O, et al. , The Psychological Capital of Chinese Workers: Exploring the Relationship with Performance. Management and Organization Review, 2005, 1 (2): 249 -271.

[156] Luttmer E F P, Neighbors as Negatives: Relative Earnings and Well - Being. The Quarterly Journal of Economics, 2005, 120 (3): 963 -1002.

[157] Maddala G S, Limited - Dependent and Qualitative Variables in Econometrics. American Journal of Sociology, 1983, 90 (6): 1341 -1344.

[158] Magnani E, Zhu R, Gender Wage Differentials Among Rural - Urban Migrants in China. Regional Science and Urban Economics, 2012, 42 (5): 779 -793.

[159] Mata J, Machado J A F, Counterfactual Decomposition of Changes in Wage Distributions Using Quantile Regression. Journal of Applied Econometrics, 2005,

20 (4): 445 -465.

[160] Maurer Fazio M, Dinh N, Differential Rewards to, and Contributions of, Education in Urban China's Segmented Labor Markets. Pacific Economic Review, 2004, 9 (3): 173 -189.

[161] McBride M, Relative - Income Effects On Subjective Well - Being in the Cross - Section. Journal of Economic Behavior & Organization, 2001, 45 (3): 251 -278.

[162] McKelvey R D, Zavoina W, A Statistical Model for the Analysis of Ordinal Level Dependent Variables. The Journal of Mathematical Sociology, 1975, 4 (1): 103 -120.

[163] Melly B, Decomposition of Differences in Distribution Using Quantile Regression. Labour Economics, 2005, 12 (4): 577 -590.

[164] Melly B, Estimation of Counterfactual Distributions Using Quantile Regression. 2006.

[165] Meng X, Gender Occupational Segregation and its Impact On the Gender Wage Differential Among Rural - Urban Migrants: A Chinese Case Study. Applied Economics, 1998, 30 (6): 741 -752.

[166] Meng X, Zhang J. The Two - Tier Labor Market in Urban China ☆: Occupational Segregation and Wage Differentials between Urban Residents and Rural Migrants in Shanghai. Journal of Comparative Economics, 2001, 29 (3).

[167] Menz T, Welsch H, Life - Cycle and Cohort Effects in the Valuation of Air Quality: Evidence from Subjective Well - Being Data. Land Economics, 2012, 88 (2): 300 -325.

[168] Messinis G, Returns to Education and Urban - Migrant Wage Differentials in China: IV Quantile Treatment Effects. China Economic Review, 2013, 26 (C): 39 -55.

[169] Michalos A C, Zumbo B D, Criminal Victimization and the Quality of Life. 2000, 50 (3): 245 -295.

[170] Milanovic B, Reform and Inequality During the Transition: An Analysis Using Panel Houshold Survey Data, 1990 -2006, 2008.

[171] Morawetz D, Atia E, Bin -Nun G, et al., Income Distribution and Self - Rated Happiness: Some Empirical Evidence. The Economic Journal, 1977, 87 (347): 511 -522.

[172] Morduch J, Sicular T, Rethinking Inequality Decomposition, with Evidence Form Rural China. The Economic Journal, 2002, 112 (1): 93 -106.

[173] Narayan D, Cents and Sociability: Household Income and Social Capital

in Rural Tanzania. Pritchett L. Washington DC: World Bank: 1997.

[174] Neuman S, Oaxaca R, Wage Decompositions with Selectivity – Corrected Wage Equations: A Methodological Note. The Journal of Economic Inequality, 2004, 2 (1): 3 –10.

[175] Neumark D, Employers' Discriminatory Behavior and the Estimation of Wage Discrimination. The Journal of Human Resources, 1988, 23 (3): 279 –295.

[176] Nguyenb B T, Albrechta J W, Vromana S B, et al. , A Quantile Regression Decomposition of Urban – Rural Inequality in Vietnam. Journal of Development Economics, 2007, 83 (2): 466 –490.

[177] Norris F H, Kaniasty K, A Longitudinal Study of the Effects of Various Crime Prevention Strategies On Criminal Victimization, Fear of Crime, and Psychological Distress. American Journal of Community Psychology, 1992, 20 (5): 625 –648.

[178] Nyhusa E K, Ponsb E, The Effects of Personality On Earnings. Journal of Economic Psychology, 2005, 26 (3): 363 –384.

[179] Oaxaca R L, Ransom M R, On Discrimination and the Decomposition of Wage Differentials. Journal of Econometrics, 1994, 61 (1): 5 –21.

[180] Oaxaca R, Male – Female Wage Differentials in Urban Labor Markets. International economic review, 1973, 14 (3): 693 –709.

[181] Oishi S, Kesebir S, Diener E, Income Inequality and Happiness. Psychological Science, 2011, 22 (9): 1095 –1100.

[182] Oswald A J, Happiness and Economic Performance. Economic Journal, 1997, 107 (445): 1815 –1831.

[183] Parker S C, The Inequality of Employment and Self – Employment Incomes: A Decomposition Analysis for the U. K. Review of Income and Wealth, 1999, 45 (2): 263 –274.

[184] Pauly M V, Income Redistribution as a Local Public Good. Journal of Public Economics, 1973, 2 (1): 35 –38.

[185] Podder N, Relative Deprivation, Envy and Economic Inequality. Kyklos, 1996, 49 (3): 353 –376.

[186] Powdthavee N, Unhappiness and Crime: Evidence From South Africa. Economica, 2005, 72 (3): 531 –547.

[187] Pyatt G, Chen C, Fei J, The Distribution of Income by Factor Components. The Quarterly Journal of Economics, 1980, 95 (3): 451 –473.

[188] Ram R, Government Spending and Happiness of the Population: Additional Evidence from Large Cross – Country Samples. Public Choice, 2009, 138 (3):

483 – 490.

[189] Rama M, Imperfect Rent Dissipation with Unionized Labor. Public Choice, 1997, 93 (1 – 2): 55 – 75.

[190] Redumo M, Empirical Choice of Histograms and Kernel Density Estimation. Scand. J. Statist. , 1982.

[191] Rehdanz K, Maddison D, Climate and Happiness. Ecological Economics, 2005, 52 (1): 111 – 125.

[192] Reimers C W, Labor Market Discrimination Against Hispanic and Black Men. The Review of Economics and Statistics, 1983, 65 (4): 570 – 579.

[193] Runciman W G, Relative Deprivation and Social Justice. A Study of Attitudes to Social Inequality in Twentieth – Century England. Berkeley: University of California Press, 1966.

[194] Sanfey P, Teksoz U, Does Transition Make You Happy? Economics of Transition, 2007, 15 (4): 707 – 731.

[195] Sbaouelgi J, Income Inequality and Economic Growth: Empirical Investigations On the Transmission Channels. Romanian Economic and Business Review, 2013, 8 (2): 75 – 92.

[196] Schwarze J, Härpfer M, Are People Inequality Averse, and Do they Prefer Redistribution by the State? A Revised Version. Journal of Socio – Economics, 2007, 36 (2): 233 – 249.

[197] Scorzafave L G, Soares M K, Income Inequality and Pecuniary Crimes. Economics Letters, 2009, 104 (1): 40 – 42.

[198] Shin I, Income Inequality and Economic Growth. Economic Modelling, 2012, 29 (5): 2049 – 2057.

[199] Shorrocks A F, The Class of Additively Decomposable Inequality Measures. Econometrica, 1980, 48 (3): 613 – 625.

[200] Shorrocks A F, Inequality Decomposition by Factor Components. Econometrica, 1982, 50 (1): 193 – 211.

[201] Shorrocks A F, Inequality Decomposition by Population Subgroups. Econometrica, 1984, 52 (6): 1369 – 1385.

[202] Shorrocks A F, Decomposition Procedures for Distributional Analysis: A Unified Framework Based On the Shapley Value. Journal of Economic Inequality, 2012: 1 – 28.

[203] Siddiqui R, Iqbal Z, The Impact of Tariff Reforms on Income Distribution in Pakistan: A CGE-based Analysis. The Pakistan Development Review, 1999, 28

(4): 789 - 804.

[204] Silber J, Factor Components, Population Subgroups and the Computation of the Gini Index of Inequality. The Review of Economics and Statistics, 1989, 71 (1): 107 - 115.

[205] Silber J, Inequality Decomposition by Income Source: A Note. The Review of Economics and Statistics, 1993, 75 (3): 545 - 547.

[206] Silber J, Verme P, Distributional Change, Reference Groups and the Measurement of Relative Deprivation. Research on Economic Inequality, 2010, 18 (1): 197 - 217.

[207] Silverman B W, Density Estimation for Statistics and Data Analysis. New York: Chapman and Hall Ltd, 1986.

[208] Sorenson S B, Golding J M, Depressive Sequelae of Recent Criminal Victimization. Journal of Traumatic Stress, 1990, 3 (3): 337 - 350.

[209] Stouffer S A, Suchman E A, Devinney L C, et al, The American Soldier: Adjustment During Army Life. American Sociological Review, 1949, 14 (4): 557 - 559.

[210] Stutzer A, The Role of Income Aspirations in Individual Happiness. Journal of Economic Behavior & Organization, 2004, 54 (1): 89 - 109.

[211] Thurow L C, The Income Distribution as a Pure Public Good. Quarterly Journal of Economics, 1971, 85 (2): 327 - 336.

[212] Tiwari A K, Happiness and Environmental Degradation: What Determines Happiness? Economics Bulletin, 2011, 31 (4): 3192 - 3210.

[213] Tricomi E, Rangel A, Camerer C F, Neural Evidence for Inequality - Averse Social Preferences. Nature, 2010, 463 (7284): 1089 - 1091.

[214] Veenhoven R, Developments in Satisfaction - Research. Springer, 1996, 37 (1): 1 - 46.

[215] Vieira Filho J E R, MigraÃ § Ã£ O E Desigualdade Regional De Renda: Uma an Ã¡ Lise Do Estado De Minas Gerais Comparado Com O Brasil. Brazilian Review of Economics and Agribusiness, 2006, 4 (4).

[216] Wan G H, Regression - Based Inequality Decomposition: Pitfalls and a Solution Procedure. WIDER Discussion Papers//World Institute for Development Economics (UNU - WIDER), 2002.

[217] Wan G, Accounting for Income Inequality in Rural China: a Regression_ Based Approach. Journal of Comparative Economics, 2004, 32 (2): 348 - 363.

[218] Wassmer R W, Lascher E, Kroll S, Sub - National Fiscal Activity as a

Determinant of Individual Happiness: Ideology Matters. Journal of Happiness Studies, 2009, 10 (5): 563 – 582.

[219] Wassmer R W, Lascher T, Kroll S, Sub – National Fiscal Activity as a Determinant of Individual Happiness: Ideology Matters. Journal of happiness studies, 2009, 10 (5): 563 – 582.

[220] Welsch H, Preferences Over Prosperity and Pollution: Environmental Valuation Based On Happiness Surveys. Kyklos, 2002, 55 (4): 473 – 494.

[221] Welsch H, Environment and Happiness: Valuation of Air Pollution Using Life Satisfaction Data. Ecological Economics, 2006, 58 (4): 801 – 813.

[222] Welsch H, Environmental Welfare Analysis: A Life Satisfaction Approach. Ecological Economics, 2007, 62 (3 – 4): 544 – 551.

[223] Winkelmann L, Winkelmann R, Why are the Unemployed so Unhappy? Evidence from Panel Data. Economica, 1998, 65 (257): 1 – 15.

[224] Xue J, Analysis of Factors Influencing Migrant Workers' Income in China – Based on Empirical Research of Survey and Research Data in Shanxi Province. Asian Agricultural Research, 2012, 4 (1).

[225] Yitzhaki S, Relative Deprivation and the Gini Coefficient. Quarterly Journal of Economics, 1979, 93 (2): 321 – 324.

[226] Yun M, A Simple Solution to the Identification Problem in Detailed Wage Decompositions. Economic Inquiry, 2005, 43 (4): 766 – 772.

[227] Zheng S, Wang Z, Wang H, et al. , Do Nutrition and Health Affect Migrant Workers' Incomes? Some Evidence from Beijing, China. China & World Economy, 2010, 18 (5): 105 – 124.